TROUVER SA VOIE VERS L'ÉVEIL

LOUISE ROBIDOUX

# Trouver sa voie vers l'Éveil

Éditeur
**Formaction Diane Gagnon**

Titre original : Trouver sa voie vers l'éveil
Auteure : Louise Robidoux
www.louiserobidoux.com

Éditeur : Formaction / Diane Gagnon
Révision : Diane Gagnon
Mise en page : Chantal Poisson
Illustration de couverture : Œuvre « Trouver sa voie vers l'Éveil »
de Isabelle Plante, artiste peintre https://www.isaartistepeintre.com

Dépôt légal : 2ᵉ trimestre 2023
Bibliothèque et Archives nationales du Québec
© 2023 Formaction/Diane Gagnon

ISBN : 978-2-9818438-6-9
EPUB 978-2-9818438-7-6

Pour commandes ou pour contacter l'éditeur :
Formaction Diane Gagnon
diane@dianegagnon.com
www.dianegagnon.com



IMPRIMÉ AU QUÉBEC

*À mon fils Marc-Antoine,
ma source d'inspiration*

# Table des matières

# Préface

Depuis très longtemps, de nombreux ouvrages ont été écrits sur l'Éveil, ce grand mystère pourtant accessible à tous. Des sages de tous les horizons ont transmis leurs enseignements sur la Réalisation du Soi, à travers les âges, les époques et les lieux. De nombreuses retranscriptions de leurs satsangs sont disponibles sous forme de livres.

**Trouver sa voie vers l'Éveil** est un ouvrage magistral sur l'Éveil ! Rares sont les livres qui parlent d'Éveil et de Réalisation de Soi avec autant de limpidité et de simplicité ! Vous tenez dans vos mains un livre exceptionnel, que tous les chercheurs en quête spirituelle devraient lire.

La Vie orchestre tout pour que tout se réalise comme cela doit être. Je reçois de nombreux manuscrits que les gens m'envoient même si je n'édite pas pour les autres habituellement. Le manuscrit de **Trouver sa voie vers l'Éveil** a trouvé son chemin jusqu'à moi par le biais d'Isabelle Le Sieur, de merci-la-vie.com qui m'a dit : « J'ai fait la connaissance d'une femme extraordinaire qui a réalisé le Soi et qui a écrit un livre sur ce sujet. Elle attend toujours la réponse de l'éditeur à qui elle l'a envoyé il y a déjà plusieurs mois. »

À la réception de son manuscrit dans ma boîte courriel, et du gentil petit mot de Louise Robidoux pour se présenter, il y a eu l'élan immédiat de me mettre à la lecture de celui-ci. J'ai été complètement subjuguée par la justesse des propos, la clarté des explications, la simplicité de l'approche qui regroupe et synthétise les enseignements des grands sages. Tout était si clair, si limpide, si simple ! J'allais de « wow ! » en « Ah oui ! ». Une grande paix s'installait en moi à la lecture de ce petit bijou.

J'ai proposé à Louise de l'accompagner auprès des Maisons d'éditions et qu'en cas de problème, j'aurais un plan B à lui proposer. Je sentais l'urgence que ce livre voit le jour en cette période charnière de l'humanité. Je lui ai donc suggéré que si personne ne voulait le publier, ou si les délais étaient trop longs, je pourrais le publier si les autres options ne fonctionnaient pas. Le lendemain, Louise m'écrivait pour m'annoncer qu'elle préférerait qu'on passe au plan B tout de suite et qu'elle voulait que ce soit moi qui édite son livre !

Quel honneur de publier un tel bijou, un tel cadeau à l'humanité, à tout chercheur de Vérité ! Gratitude infinie, chère Louise, pour ta confiance qui me touche profondément.

Vous découvrirez ici le talent exceptionnel de Louise Robidoux pour répondre clairement aux questions que chacun se pose sur l'Éveil. L'un des dons de cette femme adorable est de décrire les innombrables facettes du chemin vers l'Éveil (même si on sait qu'il n'y a pas de chemin en réalité, le personnage, lui, a l'impression d'avancer sur ce sentier) avec une telle limpidité qu'après avoir lu ce livre, il vous restera peu, ou pas, de question en suspens. Il ne reste ensuite qu'à être dans la gratitude pour cette Grâce qui nous touchera tous, tôt ou tard, sans que nous ayons besoin de forcer, simplement en étant présents à ce qui est.

Ce livre est une œuvre de Cœur et d'Amour. Vous avez été guidés jusqu'à lui par la Grâce de la Vie. Laissez-le maintenant faire son chemin jusqu'à votre cœur.

Paix, Amour et Joie

*Diane Gagnon*
*Éditrice et auteure*

# Prologue

Ce livre traite de ce qui est appelé l'Éveil spirituel. Pourquoi apparaît-il nécessaire, en cette période de l'humanité, alors que la souffrance et l'incompréhension sont exacerbées dans notre monde, d'aborder ce sujet ? Parce que, comme les êtres vivent beaucoup de difficultés, ils recherchent de plus en plus un sens à leur existence. Ils veulent trouver la vérité sous-jacente à cette grande pièce de théâtre dans laquelle ils semblent jouer un rôle.

Qui sommes-nous sous les traits du personnage ? Beaucoup de gens ne se sont jamais posé cette question essentielle. Quel est le but de cette vie ? À quoi servent les épreuves ? Pourquoi ressent-on fréquemment un vide, un sentiment de séparation et d'incomplétude à l'intérieur de nous-mêmes ? Comment cette impression de manque nous amène-t-elle à expérimenter un mal-être de façon récurrente dans notre vie quotidienne ? Qu'y a-t-il au-delà de ce monde ? Au fond, à quoi sert tout cela ?

Cette quête de sens n'aurait peut-être pas la même importance si, en tant qu'humains, nous étions éternels. Mais on le sait, le film de notre aventure sur Terre aura une fin. Un jour ou l'autre, il se terminera et ce corps disparaîtra. Même si, dans nos sociétés modernes, on tente de cacher tout ce qui entoure ce phénomène qu'est la mort, elle se produira un jour ou l'autre. C'est inévitable pour chaque forme de vie dans cet Univers où tout est impermanent. Sur ce plan, tout change, tout passe, rien ne dure. C'est la nature même de cette existence relative. Tout a un début et une fin. Autant les peines que les joies ne font que survenir, se vivre et disparaître. À un moment donné, il faudra se rendre à cette évidence, le bonheur permanent que l'on recherche tous ne se trouve pas dans ce monde matériel.

Alors un jour, plusieurs personnes ressentent le besoin de chercher ce bonheur ailleurs que dans cette existence éphémère. Leur propre souffrance ou celle d'un proche, provoquée par des événements douloureux dans leur vie, est souvent ce qui les conduit à tourner leur regard vers l'intérieur. Ces individus redécouvrent alors leur vraie nature, celle qu'en fait, ils n'ont jamais quittée. Ils se rappellent qu'ils ne sont pas cet organisme corps/mental, mais la Conscience en laquelle il apparaît ainsi que l'Univers entier. Ils se rendent compte qu'ils ne sont aucunement ce personnage ni les objets et phénomènes qui surgissent dans ce monde apparent, mais ce qui les « voit ».

En fait, nous ne sommes pas les pensées, les sensations corporelles, les émotions ni les perceptions, mais ce qui les observe. Nous sommes ce qui en est conscient, ce en quoi elles émergent. Et, de façon paradoxale, notre Être véritable est autant ce qui peut être perçu, soit la forme manifestée, que le non-manifesté, c'est-à-dire le sans forme, qui lui, est imperceptible. En réalité, tout est l'Un, sans aucune séparation. Certains réalisent le Soi de façon spontanée, mais cela est extrêmement rare. La majorité d'entre nous suivons un chemin progressif vers l'Éveil. Ce fut le cas pour moi.

Ce livre se veut un partage de mon expérience et des connaissances que j'ai acquises sur cette voie. Il témoigne de ma propre recherche de vérité. Peut-être pourra-t-il apporter un peu de lumière sur le chemin de ceux qui ressentent en leur cœur un appel pour retrouver leur nature réelle. J'ai tenté, au fil de ces pages, de répondre à des questions que je me suis moi-même posées lors de ma propre quête d'Éveil. Peut-être que cet humble éclairage pourra étancher un tant soit peu la soif de tout chercheur intéressé à se re-trouver pleinement, à réaliser ce qu'il est vraiment depuis toujours, le Soi éternel.

# Mon propre chemin vers l'Éveil

J e pourrais dire que la spiritualité a toujours fait partie de ma vie. J'ai des souvenirs entre autres qui remontent à l'époque de ma première communion alors que j'avais sept ans. À cette période et durant toute ma jeunesse, lorsque j'allais à l'église de mon quartier à Montréal, je vivais des moments d'union profonde avec le Divin que je pouvais ressentir comme étant partout dans ce lieu. Mon expérience de cette Présence se manifestait chez moi par une grande ferveur dévotionnelle et par une sensation d'un courant d'énergie qui partait de mon cœur jusqu'à mon front qui, à ce moment, devenait éclairé d'une lumière intense. J'éprouvais alors une grande paix et beaucoup de joie. Un sage m'a dit, il y a quelques années, qu'il s'agissait effectivement d'expériences d'unité.

Alors, dès l'enfance et ce, jusqu'au début de l'âge adulte, j'aimais bien me rendre à l'église pour goûter à cette Paix réconfortante. Surtout que depuis très tôt dans la vie, je ressentais un mal de vivre ainsi qu'une nostalgie de l'existence de l'autre côté des choses. Puis un jour, à 24 ans, alors que j'assistais à une messe dominicale, je me suis vraiment rendu compte que les sermons des prêtres ne répondaient plus à mes aspirations. Ils n'arrivaient pas à étancher ma soif de vérité. Je me suis assise sur mon lit ce jour-là et j'ai demandé à Dieu de me montrer la voie pour le trouver.

Le lendemain, j'ai rencontré quelqu'un qui m'a guidée et, je pourrais dire, m'a ouvert le chemin. Je travaillais alors en tant qu'infirmière dans un CHSLD sur le quart de nuit. La coordonnatrice était, cette nuit-là, une remplaçante d'une agence. Nos regards se sont croisés. On a eu la chance d'échanger pendant un moment lors d'une pause. Elle m'a alors fait part de son engagement sur une voie spirituelle et m'a suggéré la lecture de *L'autobiographie d'un yogi*, livre écrit par Paramahansa Yogananda. Celui-ci fut un grand maître de l'Inde qui a fait connaître le yoga en Amérique du Nord à la fin des années 1940 jusqu'à son décès en 1952. Il fonda le mouvement monastique l'*Association de la Réalisation du Soi*. Son personnage fut très connu, autant en Inde qu'aux États-Unis. J'ai donc acheté ce bouquin et sa lecture fut pour moi très révélatrice. J'ai ressenti alors un appel profond pour suivre cette voie. J'ai su que c'était ce que je cherchais.

C'est la raison pour laquelle je me suis ensuite abonnée aux leçons que ce maître avait écrites et qu'il avait laissées comme enseignements. La méditation, dont la pratique du Kriya Yoga, y était expliquée. J'ai alors commencé à méditer. Cela me procurait un état de paix et de joie. Je me suis aussi rendue en Californie à deux reprises, au milieu de la vingtaine, pour y visiter les lieux où ce grand yogi avait vécu. Ces voyages me confirmèrent que j'étais vraiment sur le bon chemin, celui qui correspondait à mes aspirations profondes.

Au cours de cette pratique régulière de la méditation, j'ai poursuivi ma carrière d'infirmière clinicienne pendant 35 ans. J'ai beaucoup aimé cette profession qui me permettait de prendre soin des autres. J'ai aussi, à la fin de la vingtaine, débuté une psychothérapie avec une femme de descendance amérindienne dont le travail était orienté vers la spiritualité et la libération émotionnelle de façon très concrète par le corps. Je sentais à ce moment, en exerçant ma discipline spirituelle, qu'il y avait en moi certains blocages. J'ai ainsi découvert la thérapie qui m'a permis de défaire de nombreux nœuds et d'apprendre à me connaître. Après un an de travail avec ma thérapeute, je n'étais plus la même personne et ce mal de vivre, cette lourdeur ressentie depuis mon jeune âge, s'était dissipée. J'avais bloqué tant d'émotions dans mon enfance et mon adolescence. Cette approche que j'ai poursuivie pendant plusieurs années fut pour moi libératrice au niveau psychologique et m'a amenée à m'épanouir de plus en plus en tant qu'être humain.

Mais un jour, j'ai senti que ce travail sur mes émotions et mon univers intérieur avait des limites. Même s'il m'apportait un mieux-être dans ma vie quotidienne, je ressentais clairement que ce processus était sans fin. J'étais fatiguée par cette recherche continuelle de vouloir améliorer cette personne qui, je le pressentais, n'était pas ce que j'étais réellement. J'étais allée au bout de cette démarche et même bien au-delà. Mais il semble que cela faisait partie du scénario qu'en tant que personnage j'avais à vivre dans ce film de l'existence. Lorsque j'ai réalisé que je n'étais pas celle que je croyais être, mais la Conscience dans laquelle elle apparaissait, j'ai bien vu qu'un si long travail n'était pas nécessaire pour trouver ce que je désirais par-dessus tout : m'éveiller. J'ai ainsi constaté qu'il ne servait à rien de vouloir tant perfectionner cet individu corps/mental qui n'est pas ce que l'on Est vraiment.

J'ai alors décidé d'aller au bout de ma quête. Je savais que cela était possible, car en 2005, j'avais vécu une expérience profonde d'unité où il y avait eu cette vision très claire que mon vrai chez moi était au-delà de ce monde matériel. Cet évènement qui me revenait régulièrement à la mémoire me donna ce feu, cette passion pour me propulser dans ma recherche de l'absolue Réalité.

C'est ainsi qu'au début de l'année 2015, ma quête spirituelle s'est intensifiée alors que je poursuivais mes méditations quotidiennes depuis une trentaine d'années. J'ai ressenti à ce moment un appel très puissant pour l'Éveil. Durant cette période, j'ai trouvé sur *YouTube* des témoignages et des partages de gens qui avaient réalisé leur Être véritable. Ces sages, pour lesquels j'éprouvais un attrait, donnaient tous des enseignements concernant l'approche de la non-dualité. En suivant leurs indications, dont celles concernant l'investigation du Soi, j'ai été amenée à percevoir la Conscience « Je Suis », puis ma vraie nature s'est dé-voilée. En fait, c'est le Soi qui s'est révélé à lui-même peu à peu. Il y a eu dans mon parcours quelques expériences spirituelles marquantes et parfois très surprenantes. Il s'agissait d'aperçus d'Éveil. Le voile se levait un peu, je voyais, puis ça se voilait à nouveau, mais j'avançais graduellement sur ma voie.

J'ai vécu, entre autres, cette expérience plutôt étonnante qui, à l'époque, m'a vraiment secouée. Au printemps 2016, un soir, je pratiquais la méthode d'investigation du Soi proposée par un sage (Mooji) dans une de ses vidéos. Je tentais de voir, tel que proposé, ce qui percevait mes pensées, puis ce qui était présent avant même la perception. Alors, subitement, je me suis sentie aspirée profondément au cœur de moi-même. À partir de ce moment, j'ai totalement perdu la conscience d'être dans ma chambre assise sur ma chaise de méditation. En ce «lieu», en moi, j'ai vu une sorte de lac noir dans lequel je me suis sentie descendre. Ensuite, je suis arrivée dans un genre d'espace très vaste où il n'y avait que noirceur. C'est difficile à décrire avec des mots. Cependant, la vision que j'en avais, qui était claire et limpide, était qu'il n'y avait absolument rien de rien dans cet espace. Ce que je ressentis alors fut un grand étonnement devant ce vide abyssal où régnait une Paix incommensurable. Il n'y avait en moi aucune présence de peur. Au contraire, ce n'était que surprise et émerveillement.

Puis, j'ai été attirée encore plus profondément dans cette vacuité. À ce moment, j'ai perçu qu'il y avait là dans cette noirceur qui scintillait quelque chose d'intangible, de non-objectivable. Cela m'apparaissait comme étant impalpable et insaisissable. En fait, je ne sais pas du tout ce que j'ai vu, mais l'impression que j'en avais était qu'il y avait là une «non-chose» extraordinaire, d'une grandeur inimaginable mais totalement impossible à appréhender. Il m'est alors apparu cette évidence très forte et indéniable que ce que je voyais n'appartenait pas à ce monde. Ensuite, j'ai vu le mental surgir du Rien comme un simple objet et en moi ça a dit: «Mais oui, c'est évident! Ça ne peut pas être compris mentalement parce que Cela est là avant le mental et avant tout ce qui existe.» Je constatais de façon indubitable que notre nature réelle se situait en amont de toute manifestation.

Je me suis ensuite retrouvée comme au centre d'un non-endroit. J'étais alors habitée par de la joie et de la légèreté. Et là, dans cet état de félicité, m'est apparue cette pensée que j'ai saisie : « Je vais essayer de bouger dans cet espace. » À ce moment, j'ai vu que dans ce vide absolu, il m'était totalement impossible d'exécuter quelque mouvement que ce soit. À cet instant, je suis remontée comme à mi-chemin et mon mental est intervenu. J'ai ressenti alors une intense déception teintée de colère. En moi, cela a dit : « Quoi ! Tout ça pour ça ! » En un éclair, j'ai revu ces multiples vies à chercher, à méditer, à prier, à souffrir, à jouer au gourou et disciple… Tout ça et en fin de compte, il n'y avait absolument rien. Seulement un vide total, juste un grand Rien. Et la dernière chose que ça a dit en moi avant de réémerger à la surface, c'est : « Oui, mais ça, je le connais déjà ! » Ce « Ça » m'apparaissait si simple et ordinaire. Moi, la personne qui cherchait depuis si longtemps, je m'attendais à une expérience d'Éveil incroyable, explosive, mystique, avec plein de feux d'artifices. La déception fut si grande qu'elle me fit sortir subitement de cet espace et je suis revenue dans mon corps demeuré assis sur la chaise.

La stupéfaction et un certain état de choc furent mes sensations à mon retour. Heureusement, je savais ce qui m'arrivait, car j'avais beaucoup écouté les enseignements des sages qui s'étaient éveillés à leur vrai Soi. Dans quelques vidéos que j'avais visionnées, certains participants relataient même des expériences semblables à la mienne. Je savais de quoi il s'agissait et pourtant, j'étais très ébranlée. Je ne m'attendais pas à ce que tout soit balayé comme ça d'un coup. Je savais que notre nature réelle était vide d'objets, mais je n'avais jamais envisagé que ce soit un Rien total et absolu. Malgré cette déception profonde, je me suis dit que si c'était comme cela, eh bien, que c'était parfait. Moi qui attendais cet Éveil depuis toujours, qui le désirais de tout mon être, voilà que je me voyais faire un pas de recul. Puis, j'ai adhéré à une idée qui a surgi dans mon mental voulant me faire croire que cette résistance m'empêchait pour le moment de m'abandonner totalement à ma vision et d'y disparaître. J'ai alors pensé que je n'étais pas encore prête pour la Réalisation de mon Être véritable. C'est après plusieurs mois que j'ai constaté qu'il s'agissait d'une pensée limitante qui n'avait pas besoin d'être saisie ni crue, car l'Éveil est en fait notre état naturel.

Dans les philosophies indienne et bouddhiste, cette expérience que j'ai vécue est appelée *Samadhi*. Cet état peut être complet et alors il y a absorption totale du je en tant que moi séparé, ce qui entraîne la disparition de la structure de l'égo. Ou le *Samadhi* peut être incomplet et il demeure alors une graine de je, c'est-à-dire une conscience individuelle. Dans ce cas, l'identification au personnage n'est pas touchée et ce dernier va même s'approprier ce qui s'est produit et ainsi faire de cet événement une expérience. Il s'agit alors d'un aperçu de l'Éveil. C'est ce qui s'est apparemment passé dans mon cas à ce moment-là. À mon retour dans cette forme physique, la croyance d'être un sujet distinct est demeurée ainsi que la pensée que c'est moi qui avais vécu tout cela. L'Éveil, c'est la prise de conscience qu'il n'y a pas un quelqu'un à qui les choses arrivent. C'est la Réalisation que la personne n'existe pas, qu'elle n'est que pure illusion.

Cependant, une fois qu'on a vu Ce que l'on est vraiment, c'est vu et il n'y a pas de retour en arrière possible. Même si le petit je n'a pas été déraciné, il a été très ébranlé et transformé car il sait désormais, de façon indéniable, quelle est sa nature véritable. On parle donc ici d'une plongée dans le Soi, car l'Éveil n'est pas une expérience. Cette dernière, aussi extraordinaire qu'elle puisse être, est éphémère. Comme tout phénomène, elle émerge de la Conscience, puis elle passe. Seul ce qui est réel est permanent et ne fluctue pas.

J'ai réalisé, quelques années après ce *Samadhi*, que Ce que l'on est vraiment est cette absence de tout sujet et de tout objet. C'est ce qui a été contemplé en tant que ce grand « vide » lors de cette expérience d'Éveil. En fait, ce qui a été perçu dans cette plongée et que le mental appelle « rien » est notre Soi véritable. Cependant, tant que le je personnel n'est pas encore reconnu comme étant illusoire, il demeure une dualité ainsi qu'un sentiment de séparation. Pour qu'il y ait absorption totale dans le Soi, il faut laisser disparaître ce je individuel qui n'est rien de plus qu'une pensée. Il n'est en réalité qu'une légère contraction, qu'une impression de moi qu'on peut laisser se dissoudre dans cet Absolu où rien n'existe et qui en fait, est notre nature fondamentale.

Toutefois, lorsque cet aperçu d'Éveil s'est produit, même si la croyance d'être une personne séparée ne s'était pas dissoute complètement, ce n'était qu'une question de temps. Le château de cartes allait bientôt s'écrouler, mais cet effondrement prit quelques années. Ce sont les méditations quotidiennes et la pratique des enseignements non-duels qui finirent par dissoudre les résistances et l'apparent voile qui avait perdu beaucoup de son opacité lors de ce plongeon dans l'Absolu. Ma participation à des conférences et ateliers animés par des personnes s'étant Éveillées à leur vrai Soi a aussi contribué à cette re-connaissance de mon Être véritable.

Ainsi, à l'automne 2017, j'ai participé à un séminaire avec Claudette Vidal. Au premier jour, elle m'a dit que tout était prêt à ouvrir pour moi et ça c'est effectivement ouvert. Ce qui s'est produit alors est ce que l'on pourrait appeler l'Éveil. En réalité, ce ne sont que des mots, car en tant que la Conscience, nous sommes toujours éveillés. Mais sur ce plan matériel, il y a apparemment un personnage qui emprunte un chemin où des évènements tels que l'Éveil et la Réalisation semblent survenir. Cela fait partie du film qui se déroule au sein même de la Présence que nous sommes.

Même si, pour l'individu, l'Éveil peut être vécu comme un événement bouleversant et déstabilisant; pour les sages, il n'a rien de spectaculaire. C'est seulement un petit mouvement apparent. C'est comme une lentille mal ajustée qui se réajuste. En moi, ça été vécu comme une impression claire de réalignement au niveau de mon être. Il y a eu, à ce moment, une sensation d'expansion, d'ouverture et de désidentification d'avec le corps/mental. Soudainement, le je, en tant que moi séparé, avait disparu. Je n'étais plus confinée dans les limites du corps, mais je me ressentais comme une Présence vaste et spacieuse qui était partout et qui englobait tout. C'est comme s'il n'y avait plus de barrière psychique, plus aucune frontière entre l'intérieur et l'extérieur. La sensation d'un petit moi enfermé dans une enveloppe physique s'était effondrée. Il ne demeurait plus qu'un immense espace ouvert, vide et sans limite. Aussi, je me sentais habitée par un Amour infini.

Dans ma vie quotidienne, cette sensation de vastitude et d'ouverture a continué d'être ressentie en alternance avec des moments de réidentification au personnage. Cette impression de va et vient est normale. Cela prend un certain temps pour que l'intégration de ce processus se fasse et s'incarne pleinement. Les conditionnements et les croyances sont vus et démantelés peu à peu. Il y a un travail de nettoyage qui se met en place et on commence à s'établir graduellement dans cette Présence consciente qui est notre Être réel.

Lorsque cet Éveil a lieu, on ne peut le perdre. Il suffit, lorsqu'on se réidentifie au moi séparé, de revenir à cet espace, de s'y repositionner, car cette Conscience spacieuse est ce que nous sommes vraiment. L'Éveil, c'est en fait de réaliser que nous ne sommes pas cet organisme corps/mental ni cette personne fictive, mais la Conscience dans laquelle ils surgissent. Aussi, même si la découverte de cette Présence nous permet de goûter la Paix, la Joie et l'Amour de notre Être, ce n'est pas encore la Réalisation ultime. Tout n'est pas encore accompli. Sur mon propre chemin, ce n'était que le premier Éveil. C'est ce que les Bouddhistes appellent l'entrée dans le courant. C'est vraiment le début du parcours vers la libération.

C'est un an plus tard, à l'automne 2018, que ce qu'on peut appeler la Réalisation ou le basculement s'est produit. Je participais alors à un séminaire avec Pierre Leré Guillemet et Gérald Ben Merzoug. Après la première soirée, je suis allée les rencontrer pour leur demander si cette expérience d'Éveil que j'avais vécue en 2016 était la Réalisation. Je sentais que mon mental était agité et tendu, car je voulais absolument savoir s'il existait quelque chose de plus que d'avoir vu cette vacuité que je savais, à ce moment, être ma vraie nature.

Gérald m'a alors dit que j'étais sur le fil du rasoir, ce qui selon moi, voulait dire que le basculement était proche. Pierre m'a suggéré, quant à lui, d'accueillir ces tensions à partir de la Présence. C'est ce que je fis en arrivant dans ma chambre, car de me positionner dans mon Être conscient m'était devenu familier depuis le premier Éveil. J'ai donc accueilli depuis cette Conscience qui est pur Amour la chercheuse spirituelle qui désirait depuis si longtemps la

Réalisation. Je l'ai comprise et acceptée pleinement telle qu'elle était et soudainement, tout a lâché. Au même instant, j'ai senti, à environ 15 centimètres au-dessus de ma tête, un courant d'énergie très subtil descendre et traverser en une fraction de seconde le centre de mon corps de haut en bas. Je ne pouvais pas dire ce qui en fait avait cédé, mais c'est devenu tout à coup très léger et joyeux en moi.

Ces sensations sont demeurées présentes tout au long de ces trois jours de rencontres et c'est à la fin de celles-ci que j'ai partagé mon expérience avec Pierre et Gérald. Ce dernier m'a dit : « Ah ! Ça c'est bon ! Maintenant, Sois ! » Je n'y comprenais pas grand-chose, mais plus tard, dans une session avec lui via Internet, il m'a dit que oui, on pouvait appeler cela la Réalisation, même si en fait, il ne s'agissait que de mots. Un autre sage m'a expliqué par la suite que ce qui s'était produit à ce moment-là, c'était un retournement à 180 degrés vers la lumière, que d'autres appellent la bascule ou la libération. Aussi, j'ai pu saisir, en écoutant d'autres Éveillés, que ce retour à Soi se fait par un allègement.

C'est longtemps après que j'ai compris que ce qui s'était effondré ce soir-là, c'était la chercheuse spirituelle ainsi que toute une structure de croyances erronées à propos de ce que je pensais être. Lors du premier Éveil, il y avait eu cette vision pure qu'il n'existait pas de moi séparé et que j'étais cette Présence/Conscience indivisible. Pourtant, une certaine impression d'être ce quelqu'un qui devait réaliser le Soi demeurait et s'accrochait. Ce désir intense de libération et la peur de ne jamais trouver si la recherche cessait étaient ce qui maintenaient cette résistance et ces tensions en moi. Au fond, il ne s'agissait que de pensées crues, mais elles étaient tenaces. Lorsque tout a lâché, ces contractions se sont évanouies.

Au fond, c'est la conviction de devoir continuer à chercher qui constituait le nœud empêchant la libération de se produire car la Réalisation, comme l'Éveil, ne seront jamais pour l'individu. C'est seulement lorsque le chercheur spirituel disparaît, en étant vu comme totalement illusoire, que les tensions tombent et que notre nature réelle se re-découvre en quelque sorte, qu'elle se révèle. Ne demeure plus alors que cette légèreté joyeuse qui est notre état naturel. Mais c'est normal à la fin du parcours, il y a très souvent cette immense résistance à abdiquer, à se rendre pour celui ou celle qui recherche avec intensité. Cette dernière étape implique d'accepter de mourir à soi-même complètement. C'est ce que les sages appellent « Mourir avant de mourir ».

En fait, si je n'avais pas eu toutes ces informations, je n'aurais peut-être jamais saisi que ce qui s'était produit ce soir-là était ce qu'on nommait la Réalisation. Cela aurait pu passer inaperçu, car comme tel, nous ne cessons jamais d'être le Soi réalisé. Il ne s'agit donc pas d'atteindre quoi que ce soit, mais plutôt de constater que notre Être absolu est ce que nous sommes en permanence. Le problème est juste que nous l'avons oublié. C'est seulement comme si on ne regardait pas dans la bonne direction et qu'avec cette apparente bascule, on reprenait conscience de notre vraie nature, là où en fait, on a toujours été.

La Réalisation, c'est de se rendre compte tout à coup qu'on est déjà ce que l'on souhaite trouver et qu'on ne l'a jamais quitté, qu'on n'a jamais bougé, même pas d'un iota. C'est juste parce qu'on s'est identifié à cette personne, à ce corps et à ce mental qu'on a cru être autre chose que ce que l'on Est depuis toujours. Alors surgit cette évidence qu'on est déjà Soi-même et qu'il n'y a rien à chercher. C'est tellement simple, ordinaire, comme le disent les sages, mais tant que ce basculement ne s'est pas produit sur ce plan relatif, on n'arrive pas à le voir. Ce non-événement, on ne peut le provoquer. Ce n'est toujours que le Soi qui peut se révéler à lui-même. Cela se fait par ce qu'on appelle la Grâce.

Comme l'Éveil, la Réalisation est soudaine, mais son intégration dans cet organisme se fait graduellement. Elle prend du temps et peu à peu, ça finit de soi-même par s'établir dans Ce qui Est, par s'y asseoir. À un moment donné, il devient évident que le Soi est notre véritable identité et qu'en fait, tout ce qui y apparaît est nous-mêmes, sans aucune différenciation, sans aucune dualité. Aussi avec la Réalisation, il n'y a plus de localisation. C'est-à-dire qu'il n'y a plus de sensation d'être ici. Il est constaté qu'on se situe partout. Même l'impression d'espace et de vastitude est vue comme n'ayant pas de réalité comme telle. Seul cet Absolu sans dimension, sans temps ni espace est réel.

On pourrait dire que le premier Éveil est celui à « Je Suis », à cette Présence/Conscience où le moi personnel, auteur de sa vie, disparaît, car il est réalisé qu'il n'a pas d'existence véritable. Le deuxième est l'Éveil à Ce qui Est, notre vraie nature, et il est alors vu que ce monde n'est qu'une apparence, un mirage. Qu'en réalité, comme le disent les sages, il ne se passe rien et il ne s'est jamais rien passé. En effet, il n'y a rien d'autre que Cela. Le Rien apparaissant en tant que le Tout. L'Un sans division ni séparation.

# Introduction

Les pages qui suivent contiennent des notions et des pratiques simples visant à vous aider à trouver votre propre voie vers l'Éveil. Si cette quête vous anime, ces indications pourront vous être utiles comme elles l'ont été pour moi lorsqu'elles me furent transmises par d'autres enseignants tout au long de cette trentaine d'années qu'a duré mon parcours spirituel.

En fait, les sages et tous ceux qui ont réalisé leur vraie nature ne font que nous pointer la direction à emprunter pour re-découvrir notre Soi réel. Par conséquent, l'Éveil ne peut vous être octroyé par qui que ce soit, car on ne peut vous donner ce que vous Êtes déjà. Puisque chaque être possède son unicité, chaque chemin est aussi unique.

Il suffit seulement de se mettre en route. Cependant, puisqu'en tout temps nous sommes vécus, on ne choisit pas de vouloir s'éveiller. Cela se produit ou pas pour l'individu corps/mental vivant dans ce monde des apparences. Il est dit que c'est par la grâce que ça arrive, mais on peut mentionner également que cela se passe en général lorsque l'âme est mûre et qu'elle a vécu toutes les aventures que la Conscience avait à manifester à travers elle. Quand les désirs se sont épuisés, au cours de toutes ces incarnations, on revient à la maison, en Soi. C'est le retour de l'enfant prodigue, comme certains Maîtres l'ont mentionné.

Toutefois, avant que l'Éveil survienne, c'est-à-dire avant que la croyance d'être un moi séparé s'effondre, la personne devra en général acquérir une certaine compréhension de sa nature véritable. Ainsi, elle aura à adhérer à de nouveaux concepts qui pourront même, au début, être très déconcertants, voire choquants pour l'égo/mental et c'est tout-à-fait normal. Néanmoins, à force d'apprivoiser ce nouveau savoir, le personnage ressentira de plus en plus de bien-être et de Paix lors de ces rappels à Soi. Par la suite, il finira par apprécier ces états et abandonner ses appréhensions, puis un jour, il sera prêt à abdiquer.

Alors, ne vous arrêtez pas à certains éléments de ce texte qui pourraient heurter votre façon de concevoir votre existence sur ce plan relatif. L'invitation ici est de demeurer dans la Présence, dans l'espace entre les mots et de laisser la compréhension s'effectuer et s'inscrire d'elle-même au cœur de votre Être.

Cet ouvrage comporte, en grande partie, des indications à propos de l'Éveil. Elles sont basées sur l'approche de la non-dualité, principalement de *l'Advaïta Vedanta* transmise par les sages depuis des millénaires. Plusieurs êtres ayant réalisé leur vrai Soi partagent ces connaissances à notre époque. Les enseignements de cette voie très directe conduisent tout chercheur à un changement radical de perspective quant à sa conception du monde et de la vie.

En fait, cette nouvelle vision nous amène à réaliser que ce que nous sommes véritablement n'est rien de ce que l'on a pu imaginer depuis le début de notre existence. Ce livre s'adresse donc à ceux et celles qui sont intéressés à s'ouvrir à une autre réalité et à mettre de côté tout ce qu'ils ont cru comme étant véridique jusqu'à ce jour. Ce n'est qu'à ce prix qu'ils pourront re-connaître qui ils sont vraiment.

# CHAPITRE 1

# Que sommes-nous et d'où venons-nous ?

Cet Univers, on le sait, n'a pas toujours existé. Qu'y avait-il avant sa naissance ? Comme tel, avant son émergence, il n'existait aucune forme. Il n'y avait rien d'autre que Soi-même. Pas en tant qu'une personne, mais en tant qu'Absolue Réalité, vide de tout objet. On peut aussi la nommer le Soi, la Source, Cela, la Pure Conscience ou Ce qui Est. C'est cela notre vraie nature, ce que nous sommes réellement. Puis, le principe « Je Suis » est apparu comme première expression de cet Absolu. Celui-ci peut aussi être appelé la Présence, la Conscience, l'Être ou le Témoin. Ce premier jet, cette première contraction très subtile « Je Suis » est cette sensation d'être, d'exister que tous nous ressentons dès que nous nous Éveillons le matin. On Est. Puis apparaît la chambre, les pensées, les objets, le monde qui sont la manifestation de cette Conscience sans forme. C'est donc de ce « Je » primaire, de cette Présence/Conscience que surgit cet Univers apparent.

Nous pouvons utiliser la métaphore de l'eau pour illustrer ce processus. On pourrait ainsi comparer l'océan au « Je Suis », un espace vaste, immense et les vagues aux phénomènes surgissant dans ce monde relatif. Même si les vagues paraissent être différentes de l'océan, comme les individus et les objets semblent séparés de la Conscience, cela n'est qu'imagination, car en soi, ils ne sont pas distincts. Aussi, la mer et ses remous ne sont, en réalité, composés que d'eau qui en est l'unique substrat. Tout cela est une seule et même chose. De la même manière, la Conscience et cet Univers manifesté sont faits du même tissu que l'Absolu. En effet, il n'y a que Cela, l'Un et c'est ce que nous sommes. En définitive, ce monde est seulement un reflet de notre Être véritable, un simple mirage.

Cet Absolu et tout ce qui émerge en lui, c'est-à-dire la Présence « Je Suis » et cette création sont ce qui constituent notre Soi réel. Notons que la distinction qui est faite ici n'est utilisée que de façon didactique, car la vérité est qu'il n'existe aucun élément séparé. Tout est l'Absolu, le Rien apparaissant en tant que la multiplicité des formes. Une première forme très subtile, le « Je Suis », et une plus dense : l'Univers. Ainsi, cette création est l'expression en tout point parfaite du Soi. Chaque petit brin d'herbe, chaque particule de matière est la perfection même de Ce qui Est.

De plus, nos perceptions sensorielles nous portent à croire que toute matière possède une solidité. Cependant, il n'en est rien. Les découvertes de la physique quantique démontrent que l'Univers est composé de plus de 99,9 % de vide, et de moins de 0,1 % de vibrations. Donc, tout solide est en réalité un peu de vibrations dans un immense espace de vacuité. Et même les physiciens n'arrivent pas à trouver quelque chose de tangible dont serait constitué ce monde matériel. Tout ce qu'ils trouvent, c'est de l'énergie sans quoi que ce soit présentant une densité. Aussi, ce que les résultats des dernières recherches scientifiques démontrent, c'est que cette énergie est Conscience.

Toutefois, quoique la densité de ce monde ne soit qu'apparente, notre attention est constamment happée par les images de ces formes matérielles et non sur ce qui les perçoit. Pourtant, c'est de ce côté que notre Être réel se situe. En fait, en tant que personnes, nous nous prenons pour cet organisme, c'est-à-dire ce corps physique et cet amas de pensées qu'est le mental. Cela a pour conséquence que l'on se croit être un individu séparé du reste du monde. Et c'est là, en grande partie, le début de nos difficultés. Cet organisme corps/ mental n'est en somme qu'un outil pour expérimenter cette Vie manifestée. Il apparaît dans la Présence « Je Suis ». Le problème est que nous focalisons constamment sur cet outil et non sur l'espace de Conscience dans lequel il surgit. Par conséquent, notre nature réelle est occultée, car nous ne regardons pas au bon endroit. Ainsi, cette vision étroite de la réalité ne nous amène pas à nous poser des questions telles que : Qui suis-je ? D'où venons-nous ? Qu'est-ce qui perçoit le corps, les pensées et le monde ? Et pourtant, l'essence de ce que nous sommes se trouve dans la réponse à ces interrogations.

Ainsi, pourquoi serait-il utile de nous rappeler de notre Être véritable ? Parce que c'est ce que nous sommes réellement et qu'en cela existent la plénitude, la paix et la non-souffrance que nous recherchons. Par conséquent, lorsque dans ce monde nous nous sentons englués dans les limitations et les tourments du personnage que l'on croit être, nous sommes amenés, à un certain moment, à tourner notre regard vers l'intérieur pour trouver cet endroit paisible, neutre et bienheureux : notre vraie demeure. Le fait de retrouver notre essence originelle permet aux cycles des incarnations et à la souffrance de prendre fin. On peut alors redevenir, de façon consciente, l'Être totalement libre que nous sommes en réalité depuis toujours. Nous sommes Cela qui Est à chaque instant de notre existence et ça ne peut pas être autrement, car il n'y a que Cela. Que nous soyons conscients ou non de cette vérité ne fait pas de différence pour l'Absolu qui est notre vraie nature et il nous est impossible de ne pas être.

Mais comment accéder à cette Présence-Conscience ? Pour ressentir de façon concrète la sensation d'Être, le « Je Suis », je vous suggère cet exercice simple : essayez de ne pas Être, de ne pas exister en ce moment même. Voyez que dans l'expérience directe, cela n'est pas possible. Et lorsque le « Je Suis » est constaté, on peut se rendre compte aussi que « Je sais que je suis » puisqu'on en est conscient et qu'on peut l'affirmer. On peut même encore aller plus loin dans cette expérimentation en se posant les questions suivantes : Qu'est-ce qui sait ? Qu'est-ce qui est conscient de « Je Suis » ? Et là, vous voyez qu'il n'y a plus de réponse possible. C'est la limite de notre mental. Ces questions l'amènent à une fin. Là, se trouve notre Soi absolu. Il n'y a alors plus que Ce qui Est, sans personne pour en dire quoi que ce soit. En vérité, c'est Cela que nous sommes vraiment.

Notons ici la différence entre l'être humain et les autres formes de vie sur Terre. Il n'y a que cet organisme humain qui soit conçu de façon à pouvoir réaliser le fait d'être conscient que nous sommes est la Conscience. C'est en raison de cette unicité que le Soi réel en nous peut se révéler. À travers cette forme particulière, la Réalisation de Ce qui est peut s'accomplir. Quelle chance extraordinaire que de posséder ce véhicule corporel permettant à cette Conscience de s'expérimenter et un jour, de se rappeler à Elle-même ! Car il n'y aura pas une personne qui s'éveillera au bout de la route, mais c'est cet Absolu qui se révèlera à Lui-même, par Lui-même.

Il est donc essentiel, un jour, dans le cycle des incarnations, de savoir Ce que l'on est vraiment et de le vivre pleinement au sein même de cette existence matérielle, d'amener cette lumière de la Conscience dans ce monde et de le transcender. Cela est notre but ultime et notre destination finale. Nous sommes tous en route, en apparence du moins, vers cette Réalisation ultime de notre Soi véritable. Cela se passe, pour la très grande majorité d'entre nous, de façon graduelle. Une maturation d'âme se produit grâce aux expériences que nous vivons de vie en vie et un jour, le fruit est mûr et est prêt à tomber.

Quand ce fruit tombera, tout, absolument tout sera lâché. Plus aucune attache ne subsistera. Cette vie sur ce plan matériel, que l'on apprécie en tant qu'humain, ne sera pas vue alors comme quelque chose que l'on perd, mais plutôt comme un immense cadeau nous permettant de goûter toutes les saveurs et textures de notre propre création. Car dans chaque forme, dans chaque cellule, dans chaque manifestation, ce sera Soi-même qui sera vu et contemplé, l'Absolu enfin reconnu comme notre vraie identité présente en tout et partout. Le monde sera transcendé et la Paix et le bonheur seront re-connus comme étant notre état naturel. Être, seulement, subsistera dans ce monde où nous, en tant que personnage, continuerons à vivre notre existence quotidienne.

Le film de notre vie continuera à se dérouler comme avant, mais avec la différence que nous ne serons plus identifiés au moi personnel. L'Éveil, c'est comme une sortie du film. Aussi, quand dans le vécu de tous les jours, il y aura réidentification, ce ne sera pas grave, car on saura que ce que l'on Est vraiment ne pourra jamais en être affecté ou terni. La désidentification est la voie de la non-souffrance puisqu'alors les difficultés sont vues comme étant simplement une illusion, donc n'ayant pas de réalité comme telle. Les expériences continueront à se vivre après la Réalisation, mais avec un grand détachement, car il n'y aura à ce moment plus de confusion entre ce que nous sommes vraiment et ce qui surgit en nous, entre notre nature réelle et les apparences de ce monde.

Il ne s'agit donc pas d'ajouter quelque chose à cette perfection que l'on Est déjà, mais de déconstruire l'illusion qui s'est imposée en nous comme étant une conviction inébranlable et ce, depuis notre plus jeune âge. Le travail qui est à entreprendre consiste en un retournement du moi personnel vers la Conscience « Je Suis », puis vers le Soi absolu. Voilà en gros le cheminement général d'un être humain sur notre planète.

Ce qui sera révélé au bout de notre route, nous ne pouvons le concevoir ni l'imaginer. Notre Soi véritable est d'une grandeur et d'une magnificence insoupçonnées. Le mental n'y a pas accès, car l'Absolu existe en amont de celui-ci. Il se situe avant toute manifestation et avant même le « Je Suis ». Il n'y a aucun mot qui puisse le décrire. Nous ne pouvons donc ni le voir, le définir ou l'expérimenter. Nous ne pouvons que l'Être.

# CHAPITRE 2

# Le but du chemin : réaliser notre vraie nature

En tant qu'êtres humains, nous sommes tous destinés à cette Réalisation du Soi. C'est notre ultime héritage. Et c'est juste là, ici, maintenant. Cette incarnation fait partie de notre chemin vers l'Éveil, du moins, en apparence, c'est ce qui semble se produire. Chacune des vies que nous expérimentons, et il y en a beaucoup, nous conduit vers une compréhension de plus en plus profonde de qui nous sommes. Aussi, cette existence est en lien, comme toutes les autres, avec les lois cosmiques de causes et d'effets qui régissent les cycles d'incarnations dans ce monde manifesté. Ainsi, nous sommes guidés, chacun d'entre nous, vers les expériences dont notre âme a besoin pour arriver à maturité et, éventuellement, réaliser pleinement notre vraie nature. Au bout de ce chemin, tôt ou tard, dans cette vie ou dans une autre, l'Éveil à notre Soi réel se produira. Cela est inévitable.

Sur ce parcours vers la Réalisation, la vérité de Ce que l'on est nous sera révélée. Nous ne pouvons pas y échapper. Par conséquent, de vie en vie, les scénarios se produiront en fonction des besoins de compréhension que notre personnage aura. Ainsi, il évoluera jusqu'à ce qu'un désir pour la libération émerge en lui. Alors, l'individu entreprendra un périple pour redécouvrir qui il est vraiment. Cela se fera de soi-même. Comme le disent les sages, lorsqu'une volonté de s'éveiller se manifeste chez quelqu'un, ce n'est pas vraiment la personne qui va vers le Soi, mais c'est plutôt celui-ci qui la tire vers

Lui. Au fond, l'intention du personnage est celle de son Être Ultime. Aussi un jour, la réalité que cette personne n'est rien d'autre qu'une pensée de « moi », qu'une impression de séparation, s'imposera et il reconnaîtra sa nature véritable.

J'ai parlé précédemment de scénarios, car en tant que le Soi, on pourrait dire qu'on se fait jouer des films en permanence. On peut ici utiliser la métaphore du cinéma pour illustrer la façon dont les histoires de notre vie se produisent. Cette existence est en fait comme un long métrage qui se déroule au sein même de la Présence que nous sommes. Ainsi, les scènes de notre quotidien, qu'elles nous paraissent agréables ou non, défilent-elles aussi sur un écran, celui de la Conscience. Au cinéma, les images projetées ne sont composées que d'une multitude de pixels lumineux. De façon similaire, dans le film de la vie, même si les personnages et les paysages nous semblent, pour nous, individus, tellement réels, ils ne sont composés que de points de lumière, d'énergie condensée qui semblent donner cette impression de densité. Pourtant, il ne s'agit que d'images en trois dimensions qui ne sont, en effet, constituées que de cette Conscience. C'est cette dernière qui prend temporairement l'apparence de ces formes et de ces couleurs.

Si on poursuit cette analogie, au cinéma, les images du film sont indissociables de la toile sur laquelle elles sont projetées. On ne peut séparer les paysages et les personnages de celle-ci. Il est impossible de les retirer ou de les « peler ». En réalité, ils n'ont même pas d'existence véritable, car seul l'écran est vraiment là. Par exemple, en visionnant un film, jamais on ne pourra serrer la main du personnage, car alors ce qui sera touché, ce ne sera que la surface de la toile. Il en va de même pour un ordinateur lorsque nous écrivons un message. Les lettres qui apparaissent sont en fait une modulation de l'écran lui-même. On n'y ajoute rien. C'est celui-ci qui se transforme, qui se teinte. On ne peut le séparer d'avec les mots et les couleurs qui y apparaissent. De même, l'écran de notre Conscience, ainsi que toutes les formes et les manifestations qui y surgissent, ne sont qu'une seule et même réalité, un seul tout.

De plus, sans la Conscience, ce monde ne serait pas. Il faut que celle-ci soit présente pour percevoir toutes les données enregistrées par les sens. Si elle n'était pas là, la manifestation ne serait pas connue et on peut même dire qu'elle n'existerait pas. Les expériences sensorielles sur ce plan terrestre ne sont possibles que parce que « quelque chose » en prend conscience, sans quoi, il n'y aurait pas d'expérimentation. Pour goûter, sentir, voir, toucher et entendre, il faut un sujet pour percevoir tous ces éléments qui surgissent continuellement dans notre vie. Tout ce qui est connu à travers les sens et le mental (pensées, émotions, mémoire) ne peut pas exister indépendamment de Cela qui les perçoit. Sans cette Présence, il n'y aurait aucune utilité d'apparaître pour tous les phénomènes de cet Univers puisque rien ne serait là pour en être le témoin. Les objets physiques ou mentaux n'ont d'existence que parce que la Conscience les voit, qu'elle les constate.

Pourtant, même si ce monde matériel n'est qu'une apparence, qu'un reflet du Soi composé comme on l'a vu de vide et de quelques vibrations, on croit vraiment en sa réalité, car il faut dire qu'on y a été conditionné. Depuis notre naissance, on nous a appris à nommer les choses et à les voir séparées de nous, de cette Présence que nous sommes véritablement. Ainsi, on a pris l'habitude de découper chaque objet en pensant : Ceci est une chaise, une fleur, un chat, un humain… En vérité, Il n'y a pas de séparation entre nous et les objets apparemment distincts de ce monde, car, en tant que tel, tout est Un.

Aussi, lorsqu'on évolue sur ce plan terrestre, on ne se demande jamais d'où proviennent les phénomènes, c'est-à-dire les pensées, perceptions, émotions et sensations qui se manifestent dans notre vie. Comme tels, ils apparaissent tous sur l'écran de la Conscience et c'est de ce champ d'énergie qu'ils surgissent. Ils naissent de ce « Je Suis », de cette Présence sans forme qui prend toutes les formes. Et c'est ce que nous sommes sous les apparences d'individus séparés. Nous et tout dans ce monde, les animaux, les plantes, les pierres… sommes un seul et même Être. L'Unique « Je Suis » en tout et partout.

Alors, si on se demande d'où émerge cet Univers manifesté, on trouvera la Conscience et c'est là le début des réponses aux questions que beaucoup de chercheurs spirituels se posent telles que : Qui sommes-nous vraiment ? Quelle est la réalité de cette création ? Qu'est-ce qui est conscient de tout ce qui s'y produit ? Ce qui observe tout ce qui peut être observé est-il lui-même perceptible ?

La plupart des humains, se prenant pour les personnages, sont tellement absorbés par les images du film de leur existence, qu'ils ne sont pas portés en général vers ce genre d'interrogations. Et pourtant, c'est là que se situe le bonheur permanent que nous désirons tous obtenir en tant qu'individu. Mais pour le trouver réellement, il faudra, un jour, tourner notre regard vers l'intérieur, vers le Soi, Ce que nous sommes avant toute manifestation quelle qu'elle soit et d'où tout est perçu. En réalité, nous sommes ce que nous cherchons. C'est nous-mêmes, en tant que l'Absolu qui imaginons ce rêve de la forme et jouons à nous chercher et à nous re-trouver. C'est en fait le grand jeu cosmique, la grande illusion.

# CHAPITRE 3

# Nous sommes bonheur et Amour

La recherche du bonheur est la motivation qui sous-tend toutes les actions que nous posons en tant que personne. Toutefois, nos difficultés proviennent du fait que nous le cherchons à l'extérieur de nous-mêmes alors qu'il se situe en Soi. Ainsi, sur cette Terre, nous pouvons vivre de beaux moments, mais ces instants heureux sont transitoires, car l'essence de cet Univers matériel est l'impermanence. Dans cette vie, rien ne dure, tout passe. On ne peut donc trouver une joie constante dans un monde duel et toujours en mouvement. C'est impossible, mais nous essayons de toutes les façons imaginables de trouver cet état de plénitude dans notre existence, que ce soit en passant par les sens ou les dépendances.

En définitive, l'être humain recherche par tous les moyens d'être heureux parce qu'au fond de lui, il sait qu'il est le bonheur même. Et pour un temps, il tentera de le trouver à l'extérieur de lui-même, dans la nourriture, la relation avec l'autre, l'argent, le pouvoir, etc. Cela est tout à fait normal et ça fait partie du processus de maturation du personnage. Il faut avoir goûté à toutes ces expériences et les vivre à fond pour finir par en avoir assez et décider de chercher ce bonheur durable ailleurs que dans cette vie matérielle. Cet ailleurs est en Soi puisqu'il est vu, à un certain moment, que les plaisirs existentiels ne durent pas et qu'ils nous amènent inévitablement à vivre de la souffrance. Alors un jour, on en a assez de celle-ci et on désire trouver cet endroit où le bien-être est permanent.

Ce lieu existe fort heureusement, car cela n'aurait pas de sens d'expérimenter éternellement, vie après vie, des épreuves douloureuses, malgré les instants éphémères de joie dans ce monde duel. Alors, à un moment donné, on finit par être à bout. On a le sentiment d'avoir assez vécu tout cela. On ressent le vide de notre existence, vide qu'on tente de remplir par tous les moyens, mais on n'y arrive pas, même si notre cœur aspire à la Paix, la sérénité, la Joie. Alors, la quête débute.

On commence à regarder autour de nous. On trouve assez facilement de nombreux témoignages d'Éveil, car à notre époque, il y a beaucoup de personnes qui cherchent, qui s'éveillent à leur vraie nature et qui partagent leurs connaissances. Il suffit de regarder sur *You tube* des vidéos « d'Éveillés », d'êtres qui ont réalisé ce qu'ils sont véritablement, de suivre leurs indications pour qu'en nous, notre Conscience commence peu à peu à se révéler à elle-même.

Et quand il y a ce feu, ce désir ardent de Réalisation, cette aspiration sincère en nous, le processus s'accélère. Tout nous est donné selon nos propres besoins. Et ça s'ouvre et ça se dé-voile graduellement en nous, jusqu'à ce que ça devienne une évidence : je suis Cela. Et c'est tellement passionnant de découvrir que nous ne sommes pas ce que nous avions toujours cru, c'est-à-dire ce corps/mental et ce personnage, mais plutôt la Présence spacieuse dans laquelle ils apparaissent. En vérité, il n'y a que nous-mêmes, la Conscience présente au cœur de chaque atome. Lorsque cela est réalisé, il ne demeure plus qu'Unité et Amour, ce qu'en somme, nous avons toujours été même si nous l'avions oublié.

Cet Amour est le parfum de l'Absolu, notre Soi véritable. Il accueille tout du personnage avec ses multiples facettes, sans jugement ni discrimination. Il est ressenti dans l'incarnation lorsqu'il est vu que tout est Un, que nous sommes tous la même Réalité, le même grand Être, malgré les apparents rôles que nous jouons. En fait, chaque individu possède sa propre couleur, mais c'est de la même

Source qu'émanent toutes ces tonalités. Lorsqu'il est perçu que « Je Suis » le même que les autres dans mon essence. alors ceux-ci sont aimés, car ils sont vus comme étant le reflet de moi-même. L'Unité est le fondement même de l'Amour Absolu. Il se situe bien au-delà de l'Amour humain qui lui, implique une dualité sujet/objet. Comme tel, l'Un, c'est cette Conscience qui se contemple dans l'autre et dans tout ce qui existe. Celle-ci en réalité ne connaît ni ne voit rien d'autre qu'Elle-même dans cette manifestation où tout est vu comme étant sa propre expression.

Dans cette vie, en tant que personne, nous avons tous cherché l'Amour. Mais ce sentiment est généralement conditionnel et demande, la plupart du temps, quelque chose en retour. Au fond, ce que le personnage souhaite obtenir des autres, c'est d'être aimé ou reconnu. Quant au pur Amour de notre Être véritable, celui-ci n'est pas limité par quelconques désirs, attentes ou attachements. Il accueille tout ce qui survient dans ce monde, sans aucune condition. Comme pour le bonheur, nous désirons trouver cet Amour parce qu'en nous-mêmes, nous savons que c'est ce que nous sommes. C'est notre nature profonde.

Cet Amour que l'on recherche à l'extérieur de nous-mêmes est donc déjà présent en Soi et il se manifeste sous différentes formes. Ainsi, en Inde, une des grandes voies de Réalisation spirituelle est celle de la dévotion. Cette pratique est puissante et le terme sanskrit utilisé pour la nommer est le *Bhakti-yoga*. C'est le chemin de la vénération où l'humain se remet lui-même ainsi que sa vie entre les mains du très Haut. C'est celui de l'abandon à plus grand que soi, à l'Absolu. Il s'agit ici de tout donner, de se rendre à partir de cet élan du cœur. C'est ce « Père, que ta volonté soit faite » du Christ sur la croix. Cette voie a conduit plusieurs personnes à l'Éveil et à la Réalisation de leur vraie nature.

# CHAPITRE 4

# Quelle est notre véritable identité ?

Ce que nous sommes vraiment est cet Absolu qui se situe en amont de toute manifestation. Il existe avant l'apparition des formes, celles-ci étant constituées des objets matériels tels que les corps… et aussi de ceux qui sont plus subtils comme les pensées, les émotions, les sensations et les perceptions par les cinq sens. Notre Soi réel est ce qui est là avant tous les phénomènes et qui lui ne bouge pas, ne change pas. Avec le retournement de la Conscience vers elle-même, Cela finit par se révéler graduellement.

On ne peut voir ce Soi Absolu, on ne peut que l'Être, car comme il est le Tout indivisible, il n'y a rien de séparé à l'extérieur de lui pour qu'il puisse se regarder. On ne peut le nommer ni le définir ou l'expérimenter parce qu'il ne possède aucune qualité objectivable. Notre Soi réel est inconnaissable et pourtant, il Est. Lorsqu'il se dé-voile, c'est une évidence, on sait qu'on est Cela, mais on ne peut pas dire ce que l'on est. Il s'agit d'un su direct qui est au-delà de tous les mots et de tous les concepts. Voilà pourquoi tout ce qui peut être décrit ou dont on peut parler, ce n'est pas Cela.

Pour le mental, l'Absolu est perçu comme un vide ou un « rien ». Et ce vide lui fait peur, car il craint d'y disparaître. En effet, c'est ce qui arrivera à cet égo/mental, c'est-à-dire au personnage un jour. Il sera aspiré et dissout dans cette vacuité. En réalité, ce qui se produira, c'est qu'il sera vu comme n'ayant jamais existé, sauf en tant que simple pensée, que pure imagination. Mais cela ne veut pas dire que notre Être véritable soit vraiment vide. Quand on se positionne dans le « Je Suis », l'espace de Conscience, on ressent que cette vacuité est pleine. Mais en réalité, notre Soi réel est au-delà du vide et du plein. Encore une fois, c'est indescriptible. Cependant, au niveau de l'organisme, lorsqu'il ne demeure plus que Cela, c'est ressenti comme étant doux, tranquille, reposant et une joie délicate en émane. C'est ce qu'on pourrait appeler le bonheur ou la félicité.

Donc, notre véritable nature est ce Soi qui est toujours présent et immuable. C'est l'innommable, l'inexprimable. On pourrait aussi dire qu'il est pure potentialité. Ainsi, lorsque qu'en lui-même l'Absolu vibre, le premier jaillissement est « Je Suis », la première vibration. C'est la sensation d'exister qui se manifeste en tant que cette Présence sans forme. C'est de celle-ci que naît cette apparente Création. Mais, en fait, il s'agit du même Tout, L'Un. Il n'y a rien d'autre que Cela. Nous n'avons pas à le chercher ni à le trouver, car on l'est déjà. Et c'est impossible de ne pas l'être, puisque c'est notre état naturel.

Alors, l'aboutissement ultime de ce chemin d'incarnation est de re-découvrir qui nous sommes vraiment. Et ce n'est pas que nous avons cessé de l'être, c'est seulement que nous l'avons oublié. On pourrait dire qu'on était comme hypnotisé. Notre vrai Soi a alors été occulté, car notre attention s'est dirigée sur les formes-objets et mentales de ce monde et non sur la Conscience dont elles émanaient et qui les percevait.

Les sages, les êtres qui ont réalisé le Soi, affirment que c'est pourtant si simple. On pourrait dire que ce qui se produit, c'est en quelque sorte un réalignement de notre vision intérieure. C'est comme si on regardait à travers une lentille mal ajustée. Puis, quand le focus se fait, de lui-même il faut le dire, on voit clairement que c'était déjà là, que nous avons toujours été Cela. Et en vérité, on l'a toujours su au fond de nous. Ce que l'on Est, on le connaît déjà, mais on n'y porte pas attention. C'est si simple et ordinaire que le mental n'y est pas du tout intéressé. Lui, il focalise sur les phénomènes qui apparaissent alors que ce que nous sommes réellement, c'est l'espace entre deux pensées, deux perceptions, deux sensations. Si on regarde bien, on peut voir que cet espace «vide», qui est présent lorsque nous arrêtons tout pour un instant, c'est-à-dire les mouvements, les pensées, la mémoire, les projections… eh bien, c'est Cela que nous sommes. Quand il ne reste plus rien, ne demeure plus que notre Soi véritable.

En réalité, c'est simple, mais dans les faits, pour l'être humain, ce n'est pas si facile à trouver. Cela juste parce que notre mental nous accapare continuellement et qu'ainsi, il voile, en apparence du moins, ce que nous sommes vraiment. Il faudra donc, sur notre chemin progressif vers l'Éveil, déconstruire peu à peu le mental, car c'est en lui que ce monde s'est construit. Il ne s'agira donc pas d'acquérir une nouvelle vision, mais de voir tout ce qui n'est pas réellement Soi.

Nous ne sommes rien de ce qui apparaît dans toute la manifestation. Par conséquent, rien de ce qui peut être connu tels que le corps, les pensées la personne, les sensations, les perceptions… n'est Soi-même fondamentalement. Ainsi, quand tout aura été vu comme n'étant pas ce que l'on Est, il ne restera plus que la nudité de notre nature éternelle. Cet Absolu sans quoi que ce soit. Ce qui Est depuis toujours.

# CHAPITRE 5

# L'absence de personne et de libre arbitre

Comme nous l'avons vu, la Conscience est Une, sans division, sans séparation. Elle est la même Vie qui anime toutes les formes dans l'Univers manifesté. Mais dans le rêve de l'existence, cette Conscience, notre vraie nature, s'est associée à un corps et à un mental, faisant naître en nous un sentiment de séparation d'avec le Tout. Par conséquent, on se croit être une personne à part, distincte des autres et du monde. Mais, en vérité, cette impression d'individualité n'est pas réelle. Il n'y a pas de je, pas de vous, pas d'autres. Au fond, cette croyance d'être cet organisme corps/mental et de s'y identifier est ce qui confère un semblant de réalité à notre personnage.

De plus, l'apparente densité de la matière donne vraiment l'impression à la Conscience, qui s'y associe, d'être confinée dans les limites d'un corps physique. Et cela semble tellement vrai. Toutefois, nous ne sommes pas enfermés dans les contours d'une enveloppe charnelle. Il n'y a pas de frontières entre cet organisme et tout ce qui semble exister à l'extérieur de soi. Notre identité véritable n'est donc pas la personne, mais la Présence vaste et spacieuse dans laquelle elle apparaît, tout comme ce corps/mental et cet Univers. Cependant, l'illusion est si puissante, les habitudes et les croyances sont si fortes qu'il est absolument inévitable de s'y méprendre. Alors, on y croit jusqu'à ce qu'un jour on s'éveille et que ce monde des apparences soit vu pour ce qu'il est vraiment. Il y a alors discernement entre le réel et l'irréel et il n'y a plus de place à la confusion entre les deux.

Un élément essentiel qui est réalisé lors de l'Éveil est que dans l'existence, tout se fait toujours de soi-même et qu'il n'y a personne qui est l'auteur de quoi que ce soit. Il n'y a en effet que ce qui se passe comme ça se passe. Nous ne sommes donc pas le danseur, mais la Vie elle-même qui s'exprime à travers la danse. Nos difficultés viennent de la conviction d'être cet individu séparé possédant un libre arbitre, c'est-à-dire qui fait des choix, qui pense et qui pose des actions par lui-même. Mais en réalité, tout cela se produit sans l'intervention d'un quelqu'un. C'est la Conscience unique et indivisible qui agit à travers le personnage, de la même manière qu'elle fait pousser les feuilles dans les arbres, s'épanouir la fleur…

Nous n'avons donc aucun pouvoir sur ce qui survient dans les scénarios de notre vie. Tout se fait sans notre aide, de la même façon que dans notre corps, nous ne contrôlons pas l'écoulement du flux sanguin dans nos veines ni le battement de notre cœur… Cela se passe de façon tout à fait involontaire. Et il en est de même pour nos pensées, nos choix et nos actions. Ils se produisent spontanément, sans l'intervention d'une personne. Cependant, pour l'individu, cette absence de libre arbitre ne fait souvent aucun sens et ce constat peut créer beaucoup de résistance chez lui, car il est convaincu qu'il a une identité propre et qu'il est doté d'un pouvoir d'action sur ce qui lui arrive. En réalité, ce moi séparé, qui a beaucoup travaillé pour acquérir des connaissances, de l'expérience et pour tenter d'améliorer sa vie, n'existe tout simplement pas.

La personne pour qui l'on se prend n'est en fait constituée que de pensées et de sensations corporelles. Elle n'est qu'une simple idée de « moi » qui est crue comme étant vraie. Cette fausse impression est née du fait que petit, on nous a conditionné à croire que nous nous appelions untel ou unetelle. On nous a dit qu'on était quelqu'un et de quelle façon on devait être et se comporter dans la vie. On nous a donné un nom, une nationalité, un rôle dans la famille et dans ce monde… Et cela a mis du temps à s'intégrer. Il a fallu beaucoup de répétitions pour que l'enfant que nous étions finisse par assimiler ces concepts et les faire siens. On peut voir par exemple qu'un bambin ne réagit pas à son nom au début. Cela n'est pas naturel pour lui. Puis, à force de lui répéter qu'il est cela qui est désigné lorsqu'on le nomme, il finit par adhérer à cette idée.

Et si nous regardons de plus près nos croyances et nos conditionnements, on voit bien qu'ils ont été acquis. On peut aussi constater qu'ils varient d'une culture à l'autre, d'une époque à l'autre… De plus, comme on peut les observer, cela démontre bien qu'ils ne sont pas nous. Ils font partie de l'histoire qu'entretient le personnage à son propre sujet. Comme tel, l'individu n'a pas de pouvoir sur ce qui a été cru et sur ce qui s'est déposé en lui. Cela s'est fait tout seul, de façon totalement involontaire.

Ceci est également le cas pour nos pensées qui surgissent dans notre esprit de façon spontanée. Pour vérifier la validité de cet énoncé, on peut se demander : Est-ce que je choisis mes pensées ou est-ce qu'elles apparaissent d'elles-mêmes ? On peut aussi tester la conviction qu'on puisse les contrôler en tentant, par exemple, de les arrêter. Si on en est maître, cela devrait être réalisable, non ? On pourra ainsi constater que cela n'est pas possible.

Ou encore, on peut pratiquer cet exercice qui est aussi très révélateur. Il s'agit de tenter de deviner quelle sera votre prochaine pensée. Si vous vous arrêtez un instant et effectuez ce test, vous ferez l'expérience d'un silence. À ce moment, le mental demeurera sans mot, il n'aura plus de prise, cela l'amènera à une fin. On pourra alors constater que nos pensées apparaissent d'elles-mêmes et qu'on ne les choisit pas. Qu'elles soient jugées positives ou négatives, nous n'en avons pas le contrôle. C'est seulement ce qui apparaît sur l'écran de notre Conscience maintenant. Ça se produit de façon automatique, sans plus.

Par conséquent, le jugement que l'idée qui émerge est convenable ou non est seulement une autre pensée qui se superpose sur celle d'avant. Bien souvent, ce jugement n'apporte rien de plus qu'une accentuation de l'impression de contraction, ainsi qu'une sensation d'inconfort pour l'individu. En réalité, il n'y a pas de bien ou de mal pour la Conscience. Il n'y a que Ce qui Est qui se manifeste dans l'instant et qui se contemple dans tout. Et cela, autant dans ce qui est jugé comme bon ou mauvais par la personne.

La libération de cette identification aux pensées est possible. Cela peut se faire en les observant. Si on les regarde surgir en nous, on pourra constater leur apparition, leur passage et leur disparition dans cet espace conscient en nous-mêmes, qui lui, n'apparaît ni ne disparaît jamais. Cela ne se fera peut-être pas aisément au début, mais avec de la pratique, on pourra voir la pensée survenir comme un nuage dans le ciel, vivre sa petite vie, puis se dissoudre.

Au fond, les pensées ne sont rien d'autres que des objets qui jaillissent dans la Conscience. Alors, il n'y a pas à lutter pour qu'elles ne se produisent pas, mais on pourra sans jugement les laisser se manifester et les regarder apparaître dans notre Présence consciente, mais sans s'y identifier. Comme les images d'un film sur un écran, on les observe, mais on sait qu'elles ne sont pas nous-mêmes. Nous n'en sommes que les témoins. Il n'y alors plus de problème avec les pensées. Elles ne sont qu'une expression de la Conscience, du « Je Suis ». Elles font partie de la saveur de maintenant. Elles sont comme des mirages en nous, des reflets de notre Être véritable qui surgissent dans l'apparent scénario de notre Vie.

On peut également pratiquer cet exercice pour nous aider à observer la nature de nos pensées. On peut s'arrêter et se demander d'où elles émergent. Cette question nous amènera dans l'expérience directe de cet espace, cette Présence d'où les idées naissent. Peut-être qu'un « je ne sais pas » surgira en nous. Alors on met de côté ce « je ne sais pas » et on regarde ce qu'il reste. Il ne demeurera plus que la Conscience dans laquelle tout survient. Et celle-ci, est-elle différente de ce que nous sommes ? Non, il sera vu que c'est Soi avant l'apparition de toute pensée. C'est en nous, qui sommes déjà là, qu'elles jaillissent, puis se dissipent.

Il est aussi possible d'effectuer le même exercice avec nos émotions, sensations et perceptions qui apparaissent toutes de la même façon dans notre Présence/Conscience. Elles ne sont aussi que des objets qui se manifestent dans l'instant, que des textures du moment. Et lorsqu'il ne demeure que le surgissement de ces phénomènes, sans personne pour qui ils surviennent, alors on peut tout laisser être comme C'est. Tout a sa juste place dans le film de l'existence. Il n'y a rien dont on doive se débarrasser.

Cela se passe de la même façon pour les choix. En fait-on vraiment ou apparaissent-ils d'eux-mêmes dans le déroulement de nos vies quotidiennes ? Si cela est devenu clair pour nous que nous ne pensons pas par nous-mêmes et que les pensées apparaissent de façon spontanée dans l'espace de Conscience que nous sommes, les choix qui, immanquablement, en découlent, se font automatiquement eux-aussi. C'est comme dans la nature. L'oiseau ne se demande pas au printemps : « Vais-je me construire un nid cette année ? » ou la fleur ne pense pas : « Est-ce que je vais éclore aujourd'hui ? », ça se fait, c'est tout.

Donc, si on n'effectue pas de choix, on ne peut jamais en réalité en faire de bons ou de mauvais. Par conséquent, il n'y a pas de possibilité de se tromper. Si vous regardez dans votre propre vie et que vous vous posez la question : Ce goût pour telle chose, l'ai-je voulu ? Par exemple, ai-je choisi d'aimer la musique ou le sport… ? Vous verrez que ce choix s'est imposé de lui-même en vous. Et ce désir de jouer de tel instrument, s'est-il manifesté sans que vous l'ayez demandé ? La même chose pour cet Amour du jardinage pour certains, des arts pour d'autres… Ces goûts, ces tendances surviennent sans aucune intervention de notre part. Ils sont toujours apparus d'eux-mêmes, de façon tout-à-fait involontaire.

Par conséquent, si on ne pense pas par nous-mêmes, que nous ne faisons pas de choix, que tout se fait tout seul, alors, en tant que personnage, nous ne posons pas non plus d'actions. Ces dernières se produisent aussi de façon automatique. La Vie agit en nous et sait exactement ce qu'il faut faire. Si on regarde, par exemple, un écureuil qui, avant l'hiver, cache ses noix dans la terre, on voit bien que tout arrive de soi-même. L'écureuil ne se dit pas : « Je vais faire cela pour… » Non, ça se passe. La Conscience est d'une telle intelligence. Tout s'accomplit toujours parfaitement au bon moment, au bon endroit et sans l'intervention d'un moi agissant qui déciderait des actions à poser. Les choses arrivent tout simplement sans personne, sans pilote, sans moi auteur. En réalité, tous ces mouvements sont une expression de notre vrai Soi. L'apparent individu ne possède donc aucun contrôle sur ce qui survient dans sa vie.

Cependant, cela ne veut pas dire que nous n'agirons pas dans toutes les circonstances de nos existences quotidiennes. C'est seulement que ça agit sans qu'une supposée personne que l'on croit être intervienne. Alors, on pourrait dire que nous ne sommes pas responsables de nos actes. Certains pourraient même affirmer que l'on pourrait donc faire n'importe quoi. En fait, non. Même si nous le voulions, ce ne serait pas l'élan qui se présenterait en nous. En réalité, la Vie protège la vie et la responsabilité se prend d'elle-même. Par exemple, si on voit devant nous un enfant qui risque d'être percuté par une voiture, on se lancera spontanément vers lui pour le protéger. On n'y aura pas réfléchi. Il apparaîtra une évidence d'intervenir et cela se fera automatiquement. Il n'est pas question ici de ne rien considérer et de se déresponsabiliser de tout. Il s'agit simplement de suivre le mouvement de la Vie tel qu'il se présente sans vouloir qu'il soit autre que ce qu'il est, sans refus, sans résistance. De s'abandonner en toute confiance à notre Grand Être qui nous présente toujours les expériences dont nous avons besoin sur notre propre chemin de Réalisation.

Ainsi, de la même façon qu'on ne peut pas faire de choix erronés, il n'y a pas non plus de bonnes ou de mauvaises actions. On n'a donc pas à se juger et à se taper sur la tête quand on croit avoir mal pensé, mal choisi ou mal agi. En fait, cela n'est pas en notre pouvoir, car il n'y a pas de personne pour accomplir quoi que ce soit. La Vie se produit d'elle-même selon nos programmations découlant de nos tendances passées et des lois universelles de causes et d'effets. Donc, aucun moi n'a de contrôle sur ce qui surgit ici, maintenant, dans notre existence. Tout ce qui arrive est totalement inévitable. On ne peut y échapper.

Quelle liberté de ne plus avoir à choisir si je dois aller dans telle ou telle direction ! Par conséquent, si je suis allé à gauche, c'est qu'il n'y avait que ce chemin pour moi à ce moment-là. Il n'y avait pas de droite. Ce qui a été expérimenté faisait alors partie du scénario que comme personne, j'avais à vivre. En réalité, on ne commet jamais d'erreur, car qui serait là pour se tromper ? Cette constatation fait disparaître le sentiment de culpabilité qui assaille si souvent le personnage, culpabilité qui n'est en réalité qu'une pensée de plus surgissant en nous-mêmes, la Conscience inaltérable.

Mais qu'est donc cette personne si elle ne possède aucun libre arbitre et qu'elle n'existe qu'en apparence ? Ici, nous pouvons procéder à un court exercice pour nous permettre d'expérimenter de façon directe l'existence ou non d'un quelqu'un à l'intérieur de ce corps. Fermez vos yeux et plongez en vous-même. Essayez d'y trouver quelque chose qui ressemblerait à un sujet portant votre nom. N'utilisez pas votre mémoire ni votre imagination. Soyez juste présent dans l'expérience. Maintenant, observez-vous un personnage à l'intérieur de vous ? Si vous examinez attentivement, vous percevrez, oui, des sensations physiques et des pensées, mais vous ne trouverez pas ce quelqu'un que vous croyez être.

En réalité, cette absence vous révèlera votre Présence, pas en tant qu'un individu séparé, mais en tant qu'une sensation d'Être, d'exister. C'est le « Je Suis », la première émanation de l'Absolu. Il n'y a donc pas de moi individuel. Tout ce qu'il y a, c'est seulement une Conscience témoin qui voit apparaître cette impression d'être une personne. Ce moi fictif n'est en fait qu'une simple pensée d'appropriation qui est prise pour réelle. Ce que nous sommes véritablement, c'est cette Présence/Conscience, vaste, ouverte, vide d'objets et sans limites dans laquelle surgit cette idée d'être ce moi séparé.

# CHAPITRE 6

# Que sont la résistance et la peur ?

Ainsi, la personne n'a pas de réalité comme telle. Elle n'est constituée que d'un amalgame de pensées et de sensations corporelles. Comme vu précédemment, c'est parce que la Conscience s'identifie au corps et au mental que cette illusion d'être un moi séparé est crue vraie. L'égo, cette entité fictive, est né de conditionnements et de fausses croyances à propos de ce que nous sommes véritablement. Dans les faits, il n'y a pas de personnage, pas de nous pour qui les choses surviennent. En soi, rien ne nous arrive, les évènements ne font que se produire et ensuite, l'impression d'être quelqu'un revient et s'approprie l'action en disant : « C'est moi qui ai fait ça. »

Ici, il n'est pas question de nier aucune des émotions et des expériences qui surgissent dans notre existence. Au contraire, on a à les vivre pleinement et à les laisser nous traverser. Comme c'est la Conscience elle-même qui se vit dans cet organisme corps/mental, le mieux que l'on puisse faire, est de dégager notre petit moi égotique du chemin et de laisser les choses arriver. Comme une rivière, parfois l'existence s'écoule tout doucement et par moments, elle est torrent. Tout est parfait ainsi. C'est seulement Ce qui Est qui s'exprime de cette façon.

Les difficultés naissent de notre résistance à laisser couler le courant de la Vie tel qu'il survient et c'est ce qui crée la souffrance. Souvent, on ne veut pas de ce qui est là, on veut autre chose. Quand je dis on, je parle évidemment de cet égo/mental, le personnage. C'est lui qui n'aime pas ce qui se passe. Il désire que ce soit différent parce qu'il pense que ce serait mieux ainsi. Mais au fond, il n'en sait rien. Car comme tel, tout ce que l'on expérimente est parfaitement adapté à l'évolution de chacun d'entre nous et de tout être vivant.

Quand on fait l'expérience de laisser faire la Vie, d'accepter les choses comme elles sont, on se rend compte que tout se met en place naturellement. Qu'en réalité, tout est parfait tel que c'est, ici, maintenant, pour les milliards d'humains et de formes présentes dans ce monde. De la bactérie à l'individu le plus illuminé, tout se manifeste comme il se doit. Ce n'est que la personne que l'on croit être qui a l'idée que c'est imparfait et qu'il faudrait que ce soit autrement que ce qui arrive là en ce moment. Alors, si on lâche prise et qu'on se permet d'accueillir l'instant tel qu'il est, il n'y aura pas la présence de toutes ces contractions en nous. C'est la résistance et elle seule qui crée la souffrance. Plus on résiste, plus ça fait mal. Et plus ça fait mal, plus on a tendance à résister. On connaît la chanson. Et de quoi est constitué cette résistance ? D'une simple pensée de refus qui surgit dans le mental et qui est crue vraie. Ce n'est que cela et le personnage en fait toute une histoire.

Comment alors peut-on se sortir de la souffrance ? En voyant la résistance pour ce qu'elle est vraiment, une simple idée. Si, par exemple, vous mettez de côté la pensée « Je n'aime pas ce qui arrive, je voudrais autre chose », voyez ce qui se produit. La souffrance s'évanouit. Une autre façon de procéder est d'accepter Ce qui Est, tel que c'est à chaque instant. Si c'est de la résistance, alors on l'expérimente pleinement. La même chose avec la colère, la peine et toute émotion. On laisse s'exprimer la Vie totalement. Évidemment on vit cela pour soi, en soi. On ne décharge pas notre colère ou tout autre ressenti sur autrui. On effectue ce travail de libération de ces charges émotionnelles pour soi-même.

Ce ne sont pas les autres qui ressentent nos malaises et nos contractions, c'est nous-mêmes. Ça nous appartient. Ça se passe en nous et pas chez l'autre. Ce dernier ne fait qu'appuyer sur nos points sensibles, sur nos «boutons». Il n'est que le miroir qui reflète ces zones de douleur psychologique qui nous habite. Ces situations, lorsqu'elles se produisent, sont en soi une opportunité de ressentir ces tensions en nous et de libérer cette énergie emprisonnée. Tout malaise est en effet une porte qui nous donne accès à notre Être véritable.

Cependant, le personnage adore s'inventer et vivre des histoires qu'il considère comme étant réelles, même si ces scénarios ne sont au fond que des constructions mentales, rien de plus. Il aime aussi les émotions et surtout lorsqu'elles sont fortes, car elles lui permettent de se sentir encore plus vivant. Enfin, c'est ce qu'il croit. C'est pourquoi il s'y associe la plupart du temps. Cette confusion née de cette identification aux attributs du mental et à son histoire amène inévitablement l'apparente personne à vivre de la souffrance.

Alors, ne pas croire l'égo/mental, ne plus s'y associer semble être la clef pour éviter d'être submergé par la douleur psycho-émotionnelle. Mais comment y parvenir? Une des façons de procéder est de revenir à Soi par la pratique de l'attention consciente et le discernement. C'est-à-dire en se positionnant au sein même de notre Présence qui voit le surgissement de tous les phénomènes (les pensées, sensations, émotions, perceptions) se produire. Cependant, cela peut nous paraître plus difficile d'en demeurer simplement l'observateur lorsqu'ils se manifestent avec plus d'intensité comme pour les émotions. Il peut nous sembler alors très ardu d'en rester seulement le témoin sans les agripper. Quand cela arrive, on se sent de nouveau pris dans l'histoire et c'est reparti pour un tour.

Voilà pourquoi il est préférable de commencer à observer les mouvements qui surviennent en nous dans les situations où on est moins accaparé par nos états et sentiments. Il n'est pas nécessaire d'attendre que les émotions nous envahissent pour pratiquer notre expérimentation de cet espace de Conscience. Ce non-endroit est toujours présent en nous, il ne bouge pas. C'est ce que nous sommes avant toute apparition des phénomènes quels qu'ils soient.

Si on tourne notre regard vers cet espace, on pourra constater qu'il n'est jamais affecté par toutes les tensions et agitations que semble vivre la personne. Il est la Présence tranquille, accueillante, douce et aimante dans laquelle tous les états et mouvements du personnage apparaissent. Et cette Conscience n'est rien d'autre que nous-mêmes, tout comme le personnage qui lui n'est qu'un aspect limité et contracté de notre Être véritable.

Aussi, on peut s'exercer le plus souvent possible, dès qu'on y pense, à cette pratique de revenir à cette Présence, ce « Je Suis » qui ne nous quitte jamais. De ramener notre attention sur ce qui perçoit les fluctuations du mental et les contractions qui se produisent en nous. Ainsi, nous en viendrons ultimement à la reconnaissance de notre Soi réel et cela mettra fin à la souffrance. Dans cet espace d'Être, qui enveloppe et accueille tout, il ne manque rien. Il n'y a pas là l'illusion d'un moi séparé de la totalité. Au contraire, tout est plénitude, complétude, Unité.

Par conséquent, tourner son regard vers l'intérieur et découvrir cette Source d'où tout émerge est une étape importante sur le chemin vers la libération de tout être humain. Quand on découvre que notre vraie identité est cette Conscience et non ce moi illusoire, un détachement face à ce quelqu'un et à son histoire commence à s'installer. Nous constatons alors que notre nature est la Paix et le Bonheur que nous recherchions et cela résulte en une perte des désirs pour les objets physiques et mentaux de ce monde. Ne demeure plus qu'équanimité puisque tout est vu comme étant Cela, notre Soi véritable.

Ainsi, lorsqu'il est vu que la personne n'est pas réelle, qu'elle n'est en fait qu'une contraction de notre pur Être et que nos histoires de vie sont seulement des créations de notre mental, on peut regarder notre existence avec plus de légèreté. Avec le temps, on en arrivera à ne plus s'identifier au personnage. On ne se laissera plus emporter par les vagues d'émotions, mais on demeurera seulement en tant que le témoin de ces manifestations. Cela demande du discernement et du temps. Mais une fois que ce chemin est emprunté, tout s'ouvre peu à peu et s'accomplit.

Les émotions, comme tout ce qui survient (perceptions, pensées et sensations), sont alors perçues comme des vagues qui vont et viennent, pour finalement disparaître dans l'océan de notre Présence. Ces vagues passent, mais nous qui les observons, ne passons pas. Nous sommes éternellement présents, nous étions là avant, pendant et après leur apparition. La Conscience ne change pas, ne fluctue pas, et c'est en elle que tous les phénomènes naissent et se dissolvent.

Certains Éveillés partagent des exercices nous permettant de faire l'expérience directe de notre Être immuable. En voici un exemple : Il s'agit de fermer les yeux et de se rappeler une émotion dite « négative » que vous avez vécue dans une situation donnée. Par exemple une colère ou une souffrance. Voyez qu'avec ce souvenir, la sensation émerge en vous. Observez-la et ressentez-la pleinement. Maintenant, pensez à un souvenir heureux que vous avez vécu et percevez la joie qui en découle. Remarquez que le premier sentiment « négatif » s'est dissout et que cette joie l'a remplacé. D'où sont venues ces émotions et où sont-elles reparties ? Voyez que tout ce qui est mouvement qui surgit, puis disparaît, n'est pas ce que vous êtes. N'êtes-vous pas alors ce qui n'a pas bougé et qui a regardé ces manifestations se produire ? Qu'est-ce qui est demeuré présent lorsque les émotions se sont dissipées ? Constatez que c'est Cela que vous êtes réellement.

Lorsque nous sommes happés par les phénomènes, surtout par les pensées et sentiments que l'on juge « négatifs », nous aimerions que ces expressions de la Vie ne surviennent pas. Nous ne voulons vivre que des moments de paix et de bien-être. On recherche toujours ce bonheur qui nous semble inaccessible. Et lorsqu'on semble l'avoir attrapé, il finit, après un certain temps, par nous glisser entre les doigts. C'est que la totalité de ce qui existe dans ce monde est éphémère. Aussi, comme l'égo/mental se fatigue vite de tout, rien ne le satisfera jamais très longtemps. Il recherchera toujours quelque chose de nouveau à se mettre sous la dent.

De plus, lorsque la personne vit les plus beaux moments de sa vie, la peur est souvent présente. Même dans ces états de joie ou de sérénité, l'égo n'est jamais bien loin et la crainte que ceux-ci disparaissent se manifeste. Dans le sentiment d'Amour humain, on peut également constater que dès que celui-ci survient, la peur de le perdre apparaît fréquemment. Par exemple, notre enfant naît. On découvre alors un Amour comme on ne l'a jamais connu. On vit un sentiment si profond, mais aussi de l'inquiétude. On ne veut à aucun prix qu'il arrive quoi que ce soit à notre cher trésor. Alors, les craintes émergent. C'est le même mécanisme qui se produit dans nos relations interpersonnelles et les autres situations de notre vie.

Ainsi, la peur est une stratégie utilisée par le mental pour nous maintenir dans l'illusion de séparation. Il tente par ce moyen de nous garder identifié à ce petit moi égotique. Pourtant, cette peur n'est en soi constituée que de pensées auxquelles nous croyons. La raison pour laquelle nous adhérons à ces idées souvent farfelues qui ne se concrétisent en général jamais, est que nous accordons beaucoup d'autorité à notre mental. Nous le croyons d'emblée parce que nous pensons être cette personne prise, démunie, ne possédant aucun pouvoir face à ces discours incessants et ces scénarios surgissant continuellement dans notre tête. Et pourtant, il n'en est rien.

Ces pensées qui nous maintiennent dans toutes sortes d'inquiétudes et de tensions n'ont pas à être crues. Elles ne sont que de simples apparitions au sein de notre Être véritable, la Conscience. Nous ne sommes pas ces constructions imaginaires qui se produisent de façon involontaire dans notre esprit, mais plutôt Cela qui les perçoit. Par conséquent, elles n'ont aucun pouvoir réel sur nous. Nous ne sommes donc pas obligés d'être le serviteur du mental. Ainsi, on peut observer ce dernier depuis notre Présence consciente et tout simplement laisser passer ces idées dérangeantes sans s'en préoccuper.

Donc, c'est en revenant à notre vrai Soi que nous pourrons nous libérer de l'emprise de cet égo/mental qui veut nous faire avaler toutes sortes de chimères. Aussi, le fait de focaliser sur ces peurs imaginaires ne fait que leur donner de l'expansion, accroissant nos malaises, nos angoisses et la résistance à Ce qui Est. Par conséquent, le fait de ramener notre attention à la Source d'où émanent tous ces phénomènes nous permettra de ne plus nous identifier à notre mental et ainsi de ne plus nous perdre dans ses fantaisies illusoires.

# CHAPITRE 7

# La souffrance existe-t-elle vraiment ?

Dans ce monde duel, on ne peut échapper aux aléas de la vie constitués de ses plaisirs mais aussi de ses douleurs. Toutefois, en tant qu'être humain, ce que l'on voudrait, c'est d'arrêter les vagues de l'existence pour cesser de souffrir. On est à la recherche d'un état de bonheur statique qui pourtant, dans ce monde, est impossible à trouver. La Vie est un mouvement constant. On ne peut arrêter le déroulement des scénarios qui se produisent. On ne peut éviter que la pierre qu'on lance à l'eau ne fasse «plouf» ainsi que des ronds à sa surface.

Cependant, le personnage, l'égo, a pour habitude de résister. Ainsi, il dépense une quantité énorme d'énergie tout au long de son existence afin d'éviter les vagues, surtout les creux. Là où la souffrance est ressentie, c'est quand on ne veut pas des difficultés inévitables qui se présentent dans notre vie. Et puis souvent, on finit par lâcher quand la douleur est trop intense. À un moment donné, nous n'avons plus le choix, il ne reste que cette possibilité. Alors, quand on abandonne, ça se décontracte en nous et on retrouve un peu de paix. En effet, ces lâcher-prises créent des ouvertures qui peuvent permettre à notre vraie nature de se dévoiler. Même si ces souffrances peuvent être très inconfortables pour le personnage, il s'agit bien souvent de grâces déguisées, car elles nous permettent de revenir à la Source, à ce que l'on Est vraiment.

Par conséquent, si on peut simplement se rappeler que la contraction n'est qu'une vague et qu'elle ne fait que passer, déjà la résistance s'allège ainsi que le sentiment de douleur psycho-émotionnelle qui y est associé. La souffrance est en réalité toujours reliée à une pensée de refus qui est crue et qui dit : « Je n'aime pas ce qui arrive. » Ou dit différemment : « Ça devrait être autrement » ou « Ça n'aurait pas dû être. » Ces idées préconçues génèrent un état de lutte face à Ce qui Est, puis le malaise apparaît. En l'absence de ces pensées, ce malaise se dissipe.

Mais en fait, la souffrance existe-t-elle vraiment ? Et de quoi est-elle constituée ? En somme, comme toutes les émotions, elle n'est composée que de pensées et de sensations corporelles. Si, lorsque nous vivons un mal-être, nous regardons bien ce qui se produit en notre for intérieur, nous verrons que ce que le personnage étiquette comme étant de la souffrance n'est constitué que d'idées et de tensions physiques, rien de plus. La croyance en l'histoire que le mental nous raconte est ce qui nourrit et maintient l'inconfort. Aussi, la conviction d'être ce moi séparé à qui les difficultés surviennent ne font qu'amplifier notre malheur. En réalité, les choses n'arrivent pas à un quelqu'un. Elles ne font que se produire et c'est tout. C'est la Conscience sans forme qui se manifeste ainsi dans l'instant. La douleur n'est jamais la nôtre, elle n'appartient à personne.

L'exercice suivant partagé par certains Éveillés peut être effectué lorsqu'une douleur émotionnelle nous happe et qu'on ressent un malaise. Il s'agit d'aller directement dans l'organisme pour voir où ces tensions se situent. Le corps ne ment pas et il est l'instrument parfait pour percevoir la souffrance, soit les sensations physiques qui sont souvent jugées négatives par le mental. Ainsi, on peut, par cette pratique, observer à quel endroit dans l'organisme apparaît la contraction dite « désagréable ». Pour débuter, il suffit de la regarder sans ajouter d'histoire, sans faire référence au passé ni aux projections futures. On doit aussi éviter d'émettre des pensées et des commentaires, comme dans une vidéo dans laquelle on aurait enlevé les sous-titres. Et là, on peut ressentir pleinement la tension dans le corps, sans la nier. On ne juge pas ce qui se présente, on constate seulement ce qui se passe concrètement. Ça pousse, ça tire, c'est dur, c'est contracté, c'est froid, c'est chaud… Juste les sensations purement physiques et on reste là avec elles. Si la peine est ressentie, on la laisse être, on permet aux larmes de couler. On fait de même pour toute émotion. On la rencontre pleinement, toujours sans y ajouter aucune pensée ni histoire.

Si la tension se déplace dans le corps, on focalise notre attention sur ce nouvel endroit et on recommence le même processus en ressentant pleinement ce qui est là. C'est contracté, on embrasse la contraction, on fait l'unité avec elle et on regarde ce qui se produit. Ça devient brûlant, on en fait l'expérience. C'est maintenant comme une légère pression, on la goûte. Au bout de quelques minutes, l'inconfort s'allègera et, en général, on pourra percevoir qu'en réalité, cette sensation que l'on jugeait négative ne l'était pas. Souvent, elle finit par être simplement ressentie comme de la chaleur ou de la douceur… et habituellement, le nœud se défait de lui-même. Mais il est important ici de pratiquer cet exercice sans aucune attente, sans but de se libérer de la souffrance. On laisse juste les choses se faire naturellement, sans aucune volonté particulière. On demeure seulement avec ce qui est là maintenant.

L'essentiel dans cet exercice est de tourner ensuite son regard vers ce qui perçoit les sensations physiques. Puis, de prendre conscience de cet espace. Comment est-ce ? Est-ce doux, tranquille ? Si oui, on est dans la Présence/Conscience. Sinon, on recommence l'exercice de ressentir pleinement les tensions corporelles jusqu'à ce qu'on puisse percevoir ce calme, cette tranquillité. Alors on regarde. Est-ce que ce qui observe est affecté par les émotions et contractions vécues dans le corps ? Manque-t-il quelque chose dans cet espace ? Est-ce qu'il y a là quelqu'un qui souffre ? Si on est bien positionné dans cette Présence qui perçoit la sensation, il sera vu que la douleur psycho-émotionnelle qui nous paraissait énorme n'était au fond qu'une petite vibration, qu'une simple contraction sans densité réelle, que notre Être véritable n'est jamais affecté par ce qui est vécu dans l'organisme. Et même, on pourra constater qu'il n'y a pas d'individu qui souffre, qu'il n'y a que ces mouvements de la Vie qui se produisent dans l'instant. Ça arrive, sans plus. On pourra même réaliser que les tensions physiques sont constituées du même tissu que la Conscience qui les observe, qu'elles sont Une avec elle. C'est en cela que réside l'Unité et la Paix.

De plus, la personne comme telle ne peut pas ressentir quoi que ce soit car, comme on l'a vu, elle n'a pas d'existence véritable. Elle n'est que sensations et pensées crues. Il ne s'agit que d'une simple impression de « moi », d'une illusion. Mais, si on demeure dans cet espace de Conscience, on pourra voir que celui-ci est pure ouverture, pur accueil et pur Amour. Il ne juge pas. Il accepte tous les aspects du personnage tels qu'ils sont. On peut tout lui remettre. Son Amour est absolu et sans condition aucune. Et c'est dans cet « endroit » au cœur de nous-mêmes que la plénitude peut être ressentie. Il n'y a là aucun manque, aucun désir, car tout est complet. Ce qui en émane est la Paix et la félicité. Ce n'est donc pas possible de trouver le bonheur permanent dans le monde, mais c'est dans cette Présence consciente, que nous sommes, qu'il existe. Et Cela est toujours là, qu'on le réalise ou non.

Dans cette Conscience spacieuse, notre Être véritable, se trouvent également la tranquillité et le repos que l'individu recherche tant. Là, rien ne bouge, tout est stable, calme, immuable. Les mouvements semblent s'y produire, mais ce n'est qu'apparence, car ce que l'on Est vraiment est en amont de tous les phénomènes. Là, il n'y a aucune vague à la surface. Il n'y a que vacuité sans contenu, sans objets. Un rien tellement reposant. Au fond, c'est cette Paix, cet arrêt de toutes les activités, cette quiétude que tous nous recherchons sans nécessairement en être conscients.

# CHAPITRE 8

# L'Éveil, simple et ordinaire

L'espace de Conscience, nous le connaissons déjà, car c'est ce que nous sommes véritablement. Il a toujours été là, il ne nous a jamais quittés, mais nous l'avons comme oublié, car notre attention est toujours focalisée sur les situations et objets de ce monde toujours en mouvement. Dans cet Univers duel existe tous les opposés : le bien, le mal, le chaud, le froid, la lumière et l'ombre… Mais en fait, ces phénomènes qui semblent posséder une densité et une réalité ne sont que des formes projetées sur l'écran de notre Présence/Conscience.

C'est comme dans un film. Quand, au cinéma, on est happé par l'histoire qui nous est présentée, on croit tellement aux personnages qu'on s'y identifie. On imagine même par moments que ce qui se déroule devant nos yeux est vrai. On a aussi l'impression de vivre les émotions et les sensations des personnes à l'écran. On est un très bon public. Puis on se rappelle, de temps à autres pendant la projection ou à la fin du film, que c'était seulement une fiction. Que les personnages et les situations n'étaient pas réels. Pourtant, on y a vraiment cru.

Lors de l'Éveil, c'est la même chose qui se produit. On se rend compte qu'on s'est pris pour la personne que l'on nous a dit que nous étions, et ce, depuis la petite enfance. Ce sont les conditionnements et les croyances acquises qui nous ont fait perdre cette connaissance innée d'être la pure Conscience, cet espace de Présence ouvert, vaste et sans frontières que nous étions à notre naissance. Le bébé, n'étant limité par aucune croyance, goûte la vie de façon toujours nouvelle et fraîche à chaque instant. Il ne se sent pas séparé du Tout. Il est continuellement dans la plénitude d'Être et dans le maintenant intemporel.

En ce qui a trait à l'Éveil, on a tendance à penser qu'il s'agit d'un évènement spectaculaire. Mais au fond, lorsque cela arrive, il ne s'agit que d'un petit déclic qui se produit. Tout à coup on réalise que ce que l'on voit devant nous, ce ne sont que des images, que l'on se croit être ce corps et ce mental, mais qu'en vérité, ce que nous sommes, c'est le témoin de ces phénomènes, ce qui les perçoit. Et si on regarde bien, on peut voir que nous avons toujours été conscients de toutes nos expériences depuis notre naissance. À cinq ans, dix ans, 30 ans, 50 ans, nous avons toujours été la même Présence consciente qui avait connaissance de tout ce qui nous arrivait.

À tout moment de notre vie, nous sommes toujours la même « chose », le même Être, celui qui constate tout ce qui survient à chaque instant. C'est toujours Soi, la Conscience qui voit, entend, goûte et perçoit toutes les manifestations, c'est-à-dire toutes les sensations de ce corps, les perceptions de ce monde ainsi que les pensées. En réalité, c'est simple, tout ce qui peut être vu n'est pas ce que je suis puisque je peux l'observer. Si je peux regarder ou décrire quelque chose, c'est que je ne le suis pas. Je ne suis pas les objets que je perçois, incluant ce corps et ce mental. Je suis Cela même qui les contemple, c'est-à-dire cette Conscience vaste, spacieuse, vide d'objets dans laquelle ils apparaissent, puis disparaissent.

Quant à cet Éveil, le personnage, qui se croit un être séparé, en attend quelque chose de fabuleux. Il pense que ce sera plus intense encore que toutes les expériences sensorielles et spirituelles qu'il a pu vivre. Il espère le nirvana avec des feux d'artifices. Il croit qu'il sera du tout au tout transformé par cette illumination et qu'il flottera au-dessus de ce monde dans un état de béatitude permanent. Mais en fin de compte, il n'y aura pas d'individu qui s'éveillera. L'Éveil, c'est de réaliser qu'en fait cette personne n'existe pas. Tout ce qu'il y a, c'est l'idée d'être quelqu'un qui apparaît et qui est crue vraie. Mais cela est seulement une pensée comme une autre. Une impression causée en grande partie par l'identification au corps et au mental, c'est-à-dire à ce que nous ne sommes pas. Il est alors constaté que le moi séparé que l'on a toujours cru être n'est qu'illusoire. Que notre Être véritable est cette Conscience illimitée sans division ni séparation.

En réalité, l'Éveil, c'est simple et ordinaire. Mais l'égo/mental veut en faire quelque chose d'extraordinaire. Il veut devenir un grand sage, un être très lumineux… En fait, il désire obtenir quelque chose de cet état qu'il glorifie. Il recherche constamment, encore une fois, l'Amour et la reconnaissance, car il ressent toujours ce manque en lui. C'est de nouveau l'identification au moi individuel qui crée un sentiment de séparation et qui l'amène à se sentir incomplet. Et en vérité, il a raison. Il ne peut pas, en tant qu'individu, connaître la complétude et l'Unité parce que son existence même naît de la fausse croyance d'être quelqu'un de séparé.

Le personnage se croit donc exister comme un être distinct qui contrôle sa vie et qui en est l'auteur, mais comme on l'a vu auparavant, celui-ci ne dirige rien. Il ne fait aucun choix ni aucune action. Il n'a pas de libre arbitre, car en fait, il n'a pas de réalité propre. Il n'a jamais existé et n'existera jamais. Comme on l'a vu, il n'y a en effet que la Vie qui se déroule d'elle-même, que la Conscience unique qui anime tous les êtres et joue tous les rôles. Lorsque cette croyance d'être un moi individuel est lâchée, lorsqu'elle s'effondre, le sentiment d'être Un peut être vécu de façon directe. Dans cet espace d'unité, de l'Un, il n'y a plus d'impression de séparation ni de manque. Une sensation de complétude y est ressentie. Il n'y a alors plus besoin de chercher à atteindre autre chose et plus de vide à combler. À ce moment, toute recherche peut s'arrêter, même celle de l'Éveil et c'est ce qu'on appelle la libération.

Pour le mental, cet espace conscient est perçu comme un « rien ». Pour lui, « ce lieu » est vide et totalement inintéressant. Au fond, cette vacuité fait peur au personnage, car il sait qu'en elle, son existence est menacée. Il pressent que ses jours sont comptés. En vérité il a raison, car sous peu, il sera mis à nu. Il sera vu qu'il n'existe pas réellement, qu'il n'est qu'une simple croyance, un amalgame de pensées et de sensations. Que des constructions mentales en fait. Alors, ce château de cartes sera complètement soufflé. Lorsque l'Éveil se produira, le personnage sera balayé. En réalité, ce n'est pas qu'il disparaîtra, mais plutôt qu'il sera vu comme ayant toujours été illusoire.

Mais n'allez pas croire que cela se fera sans résistance de sa part. L'égo/mental se débattra comme un diable dans l'eau bénite. Il essayera de vous faire croire que vous vous trompez. Il tentera de vous duper. Il jouera toutes ses cartes jusqu'à la dernière pour vous convaincre que votre vraie nature est ce moi fictif. Il fera tout pour ne pas être démasqué, car il ne veut pas mourir. Il tient à vivre et à continuer toutes ces expériences. Toutes ces émotions le gardent en vie. Il adore aussi tous les scénarios comportant des sensations fortes. Il se repaît de pensées, de peurs et de joies éphémères. Comme il s'identifie à tous ces phénomènes, cela lui donne l'impression d'exister et il tentera par tous les moyens de vous faire croire que c'est ce que vous êtes.

Toutefois, il n'y a pas à s'inquiéter car l'égo/mental ne fait que jouer son rôle. Il n'y a pas à le combattre, car cette lutte n'aurait pas de fin et créerait davantage de tensions chez l'être. Il n'a qu'à être reconnu comme non existant, non réel. En vérité, plus on lui accorde d'attention, plus on lui donne de pouvoir. L'ignorer est un moyen efficace pour arriver à le transcender. Ainsi, quand les pensées limitantes surviennent, on peut user de discernement et les voir comme des objets apparaissant dans la Conscience que nous sommes, comme des images sur un écran de cinéma. Elles jouent leurs partitions, c'est tout. Et si on ne les croit pas, qu'on les laisse passer tout simplement comme des nuages dans le ciel, elles n'auront aucun pouvoir sur nous.

En fait, les pensées en elles-mêmes n'ont pas d'autre pouvoir que celui qu'on leur donne. Elles ne demandent pas à être crues. Elles ne possèdent pas de puissance comme telle. Elles ne sont que des images mentales qui apparaissent dans notre esprit, que des mirages, rien de plus. Mais on a pris l'habitude de les croire vraies et de focaliser sur ces idées, leur donnant ainsi de l'expansion. Cela fait partie du jeu que l'on est venu vivre dans ce monde de formes. Il ne faut pas s'en faire, c'est ce que la Conscience que nous sommes est venue expérimenter sur ce plan terrestre. Ainsi, de vie en vie, des expériences sont vécues et l'âme devient de plus en plus mature. Avec le temps, elle développe le discernement et se reconnecte graduellement avec sa Présence qui est sa vraie nature.

Quand, à un certain moment de notre évolution, il est réalisé que tout est Ce qui Est, il n'y a plus besoin de lutter avec l'égo/mental, les pensées et les peurs. Tous ces phénomènes sont alors vus comme n'étant pas définitivement réels, même si l'expérience existe en tant que telle. C'est comme pour les rêves la nuit. On peut dire qu'ils ont lieu, même si au réveil, on constate qu'ils n'étaient que pure imagination, que des créations de notre mental, rien de plus. Du point de vue de l'Absolu, cet Univers n'est qu'un mirage, un reflet de lui-même. C'est en ce sens qu'on peut dire qu'il n'a pas de réalité.

En fait, tout ce qu'il y a, c'est la Conscience qui s'expérimente et se contemple elle-même dans son apparente création. Il n'y a dans cet espace ni bien, ni mal, ni plus petit ou plus grand, ni aucun niveau. C'est l'équanimité puisque tout n'est que Soi-même, que l'on soit dans la liberté totale de l'Absolu ou dans la contraction de la forme manifestée. Tout ce qui existe est le Soi, notre nature véritable, et tout est Cela. Le Sans forme est la forme. C'est l'Un sans aucune distinction.

Ainsi, lorsque les sages affirment que l'Éveil est tellement simple, c'est parce que c'est déjà ce que vous êtes. Il n'y a donc pas d'efforts à faire pour être vous-mêmes puisque c'est toujours présent ici, maintenant. Ça nous paraît compliqué, car ce sont nos pensées qui semblent nous cacher la vue de notre Être véritable. Mais quand on arrête de suivre notre mental pour un moment, c'est là. Cela a toujours été là.

# CHAPITRE 9

# Y a-t-il un but à cette existence ?

La réponse à cette question est non, pas comme tel. Au fond, c'est l'égo/mental qui recherche une finalité et un sens à cette vie dans la matière. Mais, il n'y a pas de but en vérité, il n'y a rien à atteindre puisque tout est déjà accompli. Nous sommes en ce moment même tout ce dont nous avons toujours rêvé. Nous sommes Cela complètement, totalement.

Alors, il n'y a nulle part où aller et rien à devenir de plus. Rien à perfectionner ni à accomplir, car en tant que le Soi, nous sommes tous déjà réalisés. Il reste seulement à le croire et à s'y autoriser. Très souvent, nos convictions bien ancrées telles que nous n'en sommes pas dignes, que ça ne peut pas être si facile… nous empêchent de goûter notre Être véritable qui est juste là, à notre portée. Il y a zéro centimètre entre soi et Soi. Si on nous demande, par exemple, de nous lever et d'aller vers nous-mêmes, on pourra constater qu'il n'y a aucune distance à parcourir.

Cependant, l'égo/mental recherche toujours quelque chose de compliqué, car il veut continuer à jouer, à exister. Il désire sans cesse se déployer. Alors il nous fait croire que c'est difficile. Que ça prendra des vies et des vies pour y arriver. Qu'il faudra tout sacrifier. Il peut même chercher à travers le monde, chez des maîtres de toute allégeance, la Vérité qui se trouve juste là, au cœur de son Être.

Cela se passe ainsi, c'est seulement le jeu de la Vie. En réalité, ce qui se produit, c'est que l'Absolu que nous sommes n'a pas la possibilité de se voir lui-même. C'est comme lorsqu'on tente de regarder nos propres yeux. Sans un miroir, on ne peut y arriver. Alors, l'Absolu, pour pouvoir se contempler, vibre en lui-même et le « Je Suis », ce sentiment d'exister, apparaît, puis ce monde manifesté prend forme. Par conséquent, s'il y avait une seule raison d'être à cette apparente création, ce serait la contemplation de Soi-même par le biais de cet Univers matériel. Il semblerait que ce soit seulement pour la joie de se regarder et de s'expérimenter que l'Absolu aurait créé cette manifestation.

On pense souvent que sur cette Terre, il y a à vivre des expériences qui vont nous faire gravir des échelons pour finalement nous amener à réaliser le Soi. En fait, ce qu'on appelle la maturation n'a lieu que dans ce monde relatif. Dans l'Absolu, rien n'est à améliorer ou à atteindre, car tout est déjà parfait et complet. La Réalisation, c'est de devenir conscient qu'il n'y a rien en dehors de Ce qui Est, le Soi. On se rend compte alors qu'on est cette perfection absolue en tout et partout.

On a aussi tendance à croire, du point de vue du personnage, que la Conscience descend peu à peu dans la forme, dans ce corps et ce monde. Mais en réalité, c'est l'inverse qui se produit. C'est dans la Conscience que cet Univers, cet organisme et tout autre objet et forme, apparaissent et se manifestent. Contrairement à ce que nous avons toujours pensé, nous ne sommes pas un corps avec une conscience, mais une Conscience avec un corps et un mental. Comme nous l'avons vu, cet Univers qui nous paraît si dense n'est en réalité composé que d'énergie condensée, des vibrations émergeant dans un espace de vacuité sans objets.

Ce monde nous semble tellement réel, mais en vérité, il n'y a que du vide ici. S'il devait donc y avoir un but à cette vie auquel on pourrait se raccrocher en tant qu'humain, ce serait celui de réaliser notre vraie nature et d'Être, tout simplement. De vivre à partir de la Présence, du « Je Suis » sans désirs et sans attentes. De goûter pleinement l'existence telle qu'elle se présente, sans tous les scénarios que l'on s'invente, car ils ne sont en somme que des constructions mentales imaginaires. Toutes les histoires que l'on se raconte ne se passent que dans notre tête. Ainsi, il n'y a qu'une planète Terre, mais il y a sept milliards de mondes. Ceux-ci sont créés à partir de nos pensées, de nos croyances et de nos conditionnements. C'est par ces phénomènes que se concrétise la matérialisation de ce qui semble être le récit de notre vie.

Au fond, nos idées et nos croyances n'appartiennent qu'à nous-mêmes, la personne que l'on pense être. À partir de ces constructions mentales, l'égo adore s'imaginer toutes sortes de fictions. Il va juger, interpréter et façonner son monde d'illusions. Chacun créera ainsi ses scénarios de façon unique. Prenons l'exemple de commentateurs sportifs qui assistent à un match de hockey. Chacun, dans son unicité, selon sa personnalité, aura sa perception de ce qui se passe durant la partie. C'est pourquoi ils écriront un article différent à propos de ce match, selon leur point de vue, quoiqu'ils aient assisté au même évènement.

C'est la même chose pour chacun d'entre nous, êtres humains. Selon nos propres pensées et perceptions, nous façonnons notre histoire. Mais, cette conception des choses n'est pas toujours conforme, comme on a pu le voir, avec ce qui se déroule vraiment dans les situations que l'on vit. Les expériences ont lieu, mais la vision qu'en a le personnage n'est pas souvent le reflet fidèle de la réalité. Elle est déformée. Tous les conflits de ce monde naissent de ces croyances erronées. Celles-ci nous conduisent à attribuer aux autres des intentions, des volontés qui ne sont qu'inventées. Pourtant, ce ne sont toujours que nos propres perceptions que l'on projette sur autrui. Alors, chacun vit dans son monde, dans sa tête. Toutes ces distorsions de ce qui est vraiment vécu dans la vie quotidienne engendrent des contractions, et souvent, des conflits et de la souffrance.

Les êtres qui ont réalisé le Soi se sont dégagés de ces interprétations de la réalité. Ils savent qu'elles ne sont que des images et des idées non fondées. Ils s'en sont dissociés. Ils voient l'existence comme un film qui se déroule sur l'écran de la Conscience. Ils accueillent ces expériences dans la forme avec détachement. Cela ne signifie pas qu'ils ne vivent plus les scénarios qui se présentent. Ils les embrassent pleinement, mais en sachant qu'ils ne sont pas vraiment réels, qu'ils ne font qu'apparaître dans le Soi qui est la vraie identité, ce que nous sommes véritablement.

Le quotidien de ceux qui se sont éveillés à leur vraie nature comporte aussi des difficultés, mais ils n'y sont plus identifiés. Ils laissent la Vie les traverser. Tout simplement, ils Sont. À ce stade, les désirs que l'existence soit autrement disparaissent puisqu'ils ne ressentent plus de manque. Comme la sensation de séparation s'est dissipée, ils se sentent complets et il n'y a plus de besoins à combler. Ils savent que la Vie sait très bien faire les choses et qu'elle prend soin d'elle-même. Il ne reste qu'à laisser se dérouler les expériences existentielles telles qu'elles se produisent avec un total abandon.

C'est ce qui se passe pour les êtres qui ont réalisé le Soi, mais cet Éveil est aussi à la portée de tous les êtres humains. Il faut accepter que cela prendra le temps qu'il faudra, mais dès maintenant, on peut prendre conscience de nos habitudes à tourner sans arrêt notre attention vers les phénomènes (pensées-sensations-perceptions) qui surviennent autour de nous. On peut amorcer cette désidentification en retournant notre regard vers l'intérieur et en ramenant le plus souvent possible notre attention à sa Source. Quand on focalise continuellement sur les objets, sur ce qui se passe à l'extérieur, cela crée une tension en nous. On pourrait comparer cela à un élastique que l'on étirerait. Si on le relâche, il se détend et revient à sa condition initiale. De la même façon, le relâchement de la focalisation nous ramène à notre état naturel, l'Être absolu, à Ce que nous sommes vraiment avant toute expression, toute manifestation, le Soi, sans aucun ajout.

On peut favoriser ce processus par des moyens simples tels que prendre le temps de s'arrêter à tous les jours pour observer ce qui perçoit les pensées et ce qui se passe dans notre existence. Pour faciliter cette investigation, on peut se demander : Qu'est-ce qui est conscient de nos expériences ? Qu'est-ce qui regarde à travers nos yeux ? Tout bouge constamment autour de nous. Nos pensées, nos sensations, nos émotions et perceptions changent continuellement à chaque instant.

Mais qu'est-ce qui est stable dans l'expérience, qui ne varie jamais ? C'est ce qui est conscient de tout notre vécu, qui ne fluctue pas, et c'est là que notre attention doit se porter. Il faut y revenir encore et encore puis, graduellement, la Conscience s'ouvrira et la vérité de ce que nous sommes se révèlera de plus en plus.

Un élément très important dans ce désir de redécouvrir notre Soi véritable est la sincérité du cœur. Lorsqu'il y a une aspiration profonde à cette plénitude de l'Être avec une intention réelle de se re-trouver, la Vie mettra sur notre chemin les outils, les personnes nécessaires pour qu'on y arrive. En fait, c'est le maximum que l'humain puisse faire, dire oui à partir du cœur et tout le reste se fera de lui-même. Il sera guidé dans cet accomplissement, dans la Réalisation de sa nature éternelle.

À travers tout ce processus de recherche, le fait de se placer au niveau du cœur est la clef de la réussite. C'est en lui que le Soi sera trouvé. C'est le siège de l'Ultime en nous et c'est là que la compréhension profonde peut se réaliser. Il est à la croisée du monde horizontal, c'est-à-dire de la vie dans le relatif et du monde vertical, celui de l'Absolu. C'est ce symbolisme qui est représenté par la Croix chrétienne. Le Soi est au centre de la Croix. C'est à cet endroit que l'on doit se positionner pour ressentir pleinement notre Être véritable. C'est le lieu de notre vraie demeure.

# CHAPITRE 10

# La nature de la Conscience et de l'Absolu

Selon *Sri Nisargadatta Maharaj*, un des grands sages hindous du 20ᵉ siècle, l'Absolu est ce qui donne naissance à la Conscience. Il est ce qui se situe au-delà de cette dernière. En anglais, les enseignants spirituels utilisent souvent deux termes distincts pour parler de l'Absolu et de la Conscience. Ils emploient les mots *Awareness* et *Consciousness*. Le premier désigne la Conscience absolue et le deuxième, la Conscience témoin, la Présence ou le « Je Suis ».

En français, on dit toujours la Conscience et cela peut porter à confusion. Alors, ici, dans ce texte, ce terme est utilisé pour indiquer celle qui est témoin. La Conscience absolue est, quant à elle, nommée le Soi, la Source, Ce qui Est… Mais notons qu'en fait même si, pour des raisons didactiques et de compréhension, ces distinctions sont faites, il n'y a en réalité qu'une seule et même Conscience qui est pure, qui est Soi-même, qui est l'Un sans séparation. La vérité ultime est que c'est l'Absolu qui apparaît lui-même en tant que la Conscience témoin et aussi, en tant que toute la création. Notre nature réelle inclut tout. Il n'y a, comme tel, que Ce qui Est, le Soi absolu.

Commençons par définir ce qu'est la Conscience témoin. On pourrait dire, pour débuter, que cet Univers matériel fait partie du monde relatif. Il nous apparaît dense, mais comme on l'a vu, il est plutôt constitué de vide et de quelques vibrations énergétiques. Ainsi, cette matière nous semble bien réelle et pourtant, elle ne l'est pas.

On parle du monde relatif parce qu'il n'est pas permanent. Il est en continuel mouvement, en changement perpétuel. Rien n'y demeure, tout passe. Même les formes les plus compactes telles que les pierres finissent par s'effriter et se désintégrer. En définitive, comme tout objet ne fait qu'apparaître et disparaître devant nous, l'observateur, il ne peut être absolu. Par conséquent, tous les phénomènes sont relatifs, car ils viennent et puis s'en vont. Cela est aussi vrai pour toutes les formes plus subtiles telles que les émotions, les pensées, les sensations et les perceptions. Elles surgissent, jouent leurs rôles et ensuite, se dissolvent.

Mais, d'où proviennent ces manifestations ? On peut se poser la question. En fait, elles émergent du vide sans forme. On peut aussi se demander où est situé l'Univers. Les physiciens ne peuvent répondre à cette question. Celui-ci semble surgir de nulle part. Et ce « non-endroit », on peut dire que c'est la Conscience, l'Immatériel, le non manifesté. C'est ce qui était là avant le *big bang*, avant l'apparition de ce monde et de toute chose perceptible.

Cependant, le manifesté et le non manifesté dans l'Absolu ne sont qu'une seule et même Réalité. En vérité, il n'y a même pas de Un, car Un est encore un concept. *Ramana Maharshi*, un autre grand maître de l'Inde, le disait ainsi : « Il n'y a pas de deux ». Ces mots nous amènent à dépasser toute conceptualisation. Donc, même la pensée Un n'est pas Cela. L'Absolu est encore au-delà, là où il n'y a rien de créé, ni même la contraction très subtile de la présence « Je Suis ». Lorsqu'on se positionne dans cet « espace » en nous, là où il n'y a plus aucun objet ni phénomène, c'est le silence sans fin et un parfum de paix et de bonheur en émane.

Dans l'expérience directe, il pourra être constaté que notre Être conscient n'est jamais affecté par les limites du corps et du mental. Lorsque cela se révèle en nous, cette évidence nous permet de dépasser la peur de la mort. Il est alors vu que même si un jour cet organisme disparaîtra, nous serons toujours présents. Nous, pas la personne, mais en tant que la Présence/Conscience. Ce que nous sommes véritablement survivra au-delà de cette vie terrestre.

Puis, pour un temps, il y aura réincarnations dans d'autres corps pour vivre de nouvelles expériences. D'autres aventures et histoires exalteront l'Être sous les traits de nouveaux personnages. D'une vie à l'autre, les croyances et les désirs se perpétueront jusqu'à ce qu'ils soient dépassés. Ce chemin se poursuivra ainsi jusqu'à la Réalisation du Soi. La personne ne fera rien, cela se fera. Cet Éveil ne sera pas l'œuvre du mental. En vérité, ce n'est toujours que le Soi qui se rappelle à lui-même et qui se révèle à lui-même, comme le disent les sages. Alors, après la Réalisation, il n'y aura plus l'obligation de revenir dans ce monde relatif puisqu'il sera totalement transcendé. Il sera vu comme un simple reflet de notre Être absolu, ce que nous sommes depuis toujours. La vision finale est que tout est Ce qui Est, autant l'Absolu sans formes que le monde des objets et des formes.

Quand on regarde la beauté et la perfection de cet Univers, on ne peut qu'en être émerveillé et s'incliner devant la grandeur du Créateur. L'accomplissement ultime dans ce monde manifesté consiste à revenir au Soi, notre véritable nature. Il restera ensuite à s'y établir et à l'incarner pleinement dans notre vie quotidienne. Avec cette compréhension profonde de qui nous sommes, l'existence sera savourée dans toute la variété de ses textures, car la manifestation sera re-connue comme étant Soi-même. Les sages disent qu'alors tout deviendra sublimé dans l'expérience. La beauté est expérimentée lorsque la matière est perçue comme étant notre propre essence. L'Amour, lui, est goûté lorsqu'il y a reconnaissance de Soi-même dans les autres. En réalité, rien n'est séparé, nous sommes tous le même Être, empruntant les costumes des différents personnages qui sont incarnés dans ces innombrables vies. Nous sommes donc une seule et même Conscience sous les apparences de la multiplicité des noms et des formes de ce monde.

## Nature de la Conscience

Comme nous l'avons vu, de la vacuité de l'Absolu émerge la première vibration que nous pouvons aussi appeler le Je primaire ou « Je Suis », la Conscience, la Présence … Mais quelle est la nature de cette Conscience qui est le témoin silencieux de tout ce qui se produit dans notre vie ?

Pour répondre à cette question, nous pouvons par exemple procéder à cet exercice. Pour commencer, détendez votre corps et observez votre respiration. Revenez maintenant à « Je Suis », à votre Présence, à ce qui voit les pensées, la respiration et les sensations corporelles se produire. Constatez simplement que vous êtes là, présent(e), que vous êtes ce qui regarde tout ce qui se passe en vous et autour de vous. Vous pouvez aussi ressentir que même si les pensées, les sensations et perceptions (par les cinq sens) ne font qu'aller et venir, vous, vous ne bougez pas. Vous êtes toujours là en tant que la Conscience témoin de tous ces mouvements et phénomènes.

C'est donc ici un aspect essentiel de la Conscience, Elle est toujours présente, et ne peut pas ne pas l'être. Si, comme nous l'avons déjà vu, vous tentez de ne plus être, de ne plus exister là, maintenant, vous pouvez constater que cela est impossible à exécuter. Donc, vous êtes, et ce que vous êtes connaît tout ce qu'il advient à chaque instant. Ainsi, on peut dire que sa nature est Présence et Conscience.

Ensuite, en tant que cet Être conscient, vous pouvez observer si vous percevez des limites à ce que vous êtes. Fermez vos yeux, puis regardez dans toutes les directions et voyez si vous en trouvez. Ne faites pas référence à votre mémoire et ressentez dans l'expérience directe qu'en réalité, vous n'avez pas de contours ni aucune limite. Ainsi, nous pouvons constater que la Conscience est infinie, c'est-à-dire illimitée.

On peut noter également qu'Elle est vaste, ouverte et spacieuse. En fait, lorsqu'on s'y positionne, Elle est ressentie comme un espace sans espace, car il n'y a, en Elle, aucune dimension. Elle ne possède pas de longueur, de profondeur ni de hauteur. On pourrait donc dire que cet Univers tridimensionnel apparaît dans la Conscience qui n'a, quant à Elle, aucune caractéristique dimensionnelle. Mais cela demeure impossible à concevoir pour le mental humain. La seule façon d'avoir accès à ce savoir est par le vécu direct. C'est une connaissance qui n'a rien à voir avec nos facultés intellectuelles ou mentales.

Il est aussi possible de poursuivre cette investigation en observant, à partir de votre Présence tranquille, s'il y a un début et une fin à ce que vous Êtes. Dans l'expérience immédiate, vous pourrez constater qu'il n'y a ni commencement ni fin à votre Être. Cela met en lumière l'évidence de l'éternité de la Conscience. En vérité, sa nature est sans naissance ni mort. Le corps naît et meurt, mais pas cette dernière. Elle a toujours été présente et le sera éternellement.

De plus, on peut se demander si cette Présence a un âge. Si vous fermez les yeux et vous vous demandez quel est le vôtre sans faire appel à votre mémoire ni à quelque image que ce soit, quel âge avez-vous ? Juste dans la sensation ici maintenant, vous pouvez ressentir que vous n'en avez pas. C'est le miracle de la Conscience. Elle ne vieillit pas. Elle demeure toujours intacte. Même si l'organisme se transforme sous la pression du temps qui passe, la Conscience elle, n'en est jamais affectée, jamais altérée ou ternie. C'est la même, immuable, qui a été présente à chaque instant de votre vie et qui a regardé ce corps vieillir. Cependant, celle-ci n'a jamais changé et elle brille toujours du même éclat. Aussi, peut-on dire que cette Présence a un genre, un nom, une nationalité ? Si vous vous posez ces questions, vous constaterez en effet qu'elle ne possède aucune qualité objectivable.

Un autre aspect de sa nature est qu'elle est intemporelle, c'est-à-dire, sans temps. Il n'y a, en réalité, aucun passé ni futur dans la Conscience. Il n'y a que maintenant. On ne peut même pas parler de moment présent, car cela impliquerait encore un concept de temps. Le passé n'est, quant à lui, composé que de pensées qui apparaissent dans l'instant. C'est la même chose pour l'avenir qui n'est constitué que de projections mentales. Ce ne sont que des idées de plus tard qui surgissent dans ce maintenant atemporel.

Si, par exemple, vous tentez, en ce moment, de vivre des situations passées ou futures, vous pourrez vous rendre compte que ce n'est pas possible. Ces pensées et ces images qui surviennent dans votre tête ne font qu'apparaître ici, dans l'instant. On ne vit jamais un autre moment que celui-ci. En réalité, il n'y a pas de défilement du temps, tout se passe toujours maintenant.

Alors, la temporalité n'est qu'un concept mental relié à ce monde matériel. On peut aussi facilement expérimenter sa relativité dans notre vie de tous les jours en constatant que des moments nous paraissent plus longs ou plus courts que d'autres. Certaines minutes, heures ou journées passent plus ou moins rapidement. Par conséquent, dans la Conscience, le temps n'existe pas.

Aussi, cette Conscience apparaît dans la vacuité de l'Absolu en tant qu'une Présence sans forme. On ne peut la connaître mentalement ni la définir, car sinon, on en ferait un objet. En anglais, on dit *no-thing*, sans objet pour parler de cette absence de tout qu'est la Conscience. Pour le mental, elle est perçue comme un vide, un rien. À ce niveau, il a atteint sa limite, car il ne peut la comprendre ni la concevoir. Pour lui, cet espace où rien n'est perçu l'effraie, car il craint d'y disparaître. Ou encore, cela le déçoit parce qu'il s'attendait à tellement plus que ce néant sans quoi que ce soit. Cependant, il ne s'agit, à nouveau, que de simples apparitions de pensées qui n'ont pas à être crues et qu'on peut laisser passer sans leur accorder d'attention.

Ainsi, cette sensation de vide n'est encore qu'une idée conceptuelle, rien de plus. Lorsqu'on retourne son regard vers l'intérieur et que l'on goûte cette impression de vacuité à partir de la Conscience, on peut constater que ce vide est en réalité plein. Dans ce rien apparent, on ne disparaît pas. Je dis «on», mais au fond, il n'y a pas de personne là, il n'y a qu'une pure Présence impersonnelle. Dans cet espace, c'est un sentiment de plénitude qui est ressenti. Il n'y a pas là de manque ni désir ni besoin à combler. Ce que l'on Est vraiment est déjà la complétude.

L'ouverture et la liberté sont aussi les attributs de la Conscience. Il n'y a, en elle, absolument aucune limite, aucune frontière. Rien ne peut la mettre en cage ni la circonscrire. Elle est totalement ouverte, sans contours, sans restriction. C'est en fait l'omniprésence même. Rien ne peut être autre chose qu'elle-même. Elle est le Tout et se situe partout. Elle est complètement intime avec toutes les expériences et pourtant, elle en est absolument libre et non affectée. C'est comme l'écran de cinéma qui n'est jamais altéré par ce qui se déroule dans le film qui est projeté.

Le mental a aussi tendance à imaginer la Conscience comme étant immense, très grande et large, englobant tout l'Univers. Mais comme on l'a vu, en réalité, elle n'a aucune dimension et c'est le monde qui émerge en elle et non le contraire. Encore une fois, c'est insaisissable pour l'esprit humain. Pour que cette compréhension se révèle, il faut tourner son regard vers ce qui perçoit la manifestation et revenir à sa Source, là d'où tout est observé.

Lorsqu'on se positionne au niveau du « Je Suis », une sensation de Paix et de bonheur est ressentie. Le mental aurait tendance à imaginer qu'il doit être ennuyant de vivre éternellement dans cette Conscience silencieuse et vide de tout objet. Mais, comme telle, cette Présence est la félicité sans cesse renouvelée. L'ennui projeté par le mental n'est encore ici qu'un concept, qu'une pensée. De nouveau, le mental ne peut pas savoir ce que c'est, il n'y a pas accès. Il ne peut appréhender qu'une compréhension objective des expériences que l'on vit. Il ne peut concevoir que des choses, des formes et non la réalité de notre Être véritable. Il n'est pas conçu pour cela. Il est lui-même un objet perçu par la Conscience. Il n'en est qu'une simple expression.

En Inde, il est dit que notre nature véritable est *Sat-Chit-Ananda*. *Sat* signifie l'Absolu, *Chit*, la Conscience et *Ananda*, la Félicité. Ces mots indiquent que lorsque la Conscience absolue prend conscience d'elle-même, il y a joie pure, béatitude. Les trois qualités principales de cette Présence/Conscience sont la Joie, la Paix et l'Amour. On pourrait dire qu'ils sont le parfum du Soi.

## Nature de l'Absolu

Alors, qu'en est-il de notre Être réel, l'Absolu ? Il ne peut être défini, car il n'est pas objectivable et ne possède aucune forme. On ne peut rien en dire et pourtant, il Est. Il est non localisable, toutefois, il se situe partout. C'est l'Ultime Réalité, ce que nous sommes vraiment. C'est ce par quoi tout peut être perçu, y compris la Présence « Je

Suis », bien qu'il soit lui-même imperceptible. Il est inconnaissable et cependant, il se connaît lui-même et sait qu'il s'exprime en tant que forme limitée dans l'Être et dans la création. Le mental le perçoit comme étant vide, le rien dira-t-il, mais ce n'est pas rien, c'est Soi. C'est pour cette raison que *Mâ Ananda Moyi*, une grande Sainte de l'Inde du 20ᵉ siècle, l'appelait « Le-sans-quoi-que-ce-soit » ou « L'absence parfaite de tout ».

Lorsque le Soi se révèle et qu'il ne reste plus que Ce qui Est, il est vu de façon évidente qu'on est Cela, mais on ne peut pas savoir ce que l'on est, car c'est en amont de toute connaissance intellectuelle et avant toute apparition de quoi que ce soit. Tous les objets, les phénomènes, y compris la Présence, ce « Je Suis », sont ajoutés au Soi. On pourrait dire qu'ils sont surimposés à la Conscience Absolue. Comme c'est ce que l'on Est au-delà de tout concept et de toute perception, ça ne peut donc pas être connu par le mental.

Même le « Je Suis » est une idée conceptuelle de Soi-même nous disent les Maîtres. Par conséquent, l'Absolu que nous sommes demeure un grand mystère, même pour ceux qui ont réalisé leur nature véritable. Mais, malgré qu'il soit impossible pour l'esprit humain d'élucider ce mystère, lorsque toute illusion a été dé-voilée et qu'il ne reste plus que Cela, une Paix et une félicité sont ressenties par l'organisme. Ce sont les trésors qui animent la quête du chercheur spirituel.

Aussi, si on va encore plus profondément dans cette investigation de Ce que l'on est vraiment, on pourra constater, comme le disent les sages, que « rien ne se passe et rien ne s'est jamais passé ». Lorsque nous arrêtons de suivre le mental pour un moment, ce qui demeure, c'est seulement tranquille, neutre, immobile et au-delà même de tout mot et qualité. Il n'y a plus que Ce qui Est dans lequel des évènements semblent se produire. Ainsi, les choses arrivent tout simplement sans une personne pour qui elles surviennent. On ne pourra pas trouver un quelqu'un derrière le « Je Suis » et la création qui observe ce qui se passe. Il n'y a que l'observation, que la perception, que voir, qu'entendre… qui prennent place dans l'instant.

Tout ce qu'il y a est ce Rien, ce Sans-quoi-que-ce-soit qui apparaît en tant que cette manifestation. Mais comme celle-ci ainsi que le « Je Suis » ne sont que des reflets du Soi véritable, ils n'ont pas de réalité en tant que telle. Et pourtant ici, rien n'est nié, mais il est constaté que tout n'est qu'une apparence de l'Absolu. Par conséquent, on pourrait dire que ça existe, mais que ça n'est pas. Lorsque, par exemple, dans le désert une oasis est vue, son existence est indéniable, mais lorsqu'on s'en approche, elle disparaît et il n'y a là que du sable. Il est alors réalisé qu'elle n'était qu'un simple mirage, une projection de notre mental, rien de plus.

On peut également prendre la métaphore très utilisée en Inde de la corde et du serpent. Quand, par exemple, en marchant on voit à une certaine distance la présence d'un serpent et qu'en se rapprochant, on remarque qu'il s'agit plutôt d'une corde enroulée, on se rend bien compte que ce n'était qu'une apparition, qu'une construction mentale erronée. Pourtant, l'espace d'un moment, le serpent a bien existé, mais seulement en tant qu'une représentation illusoire de la réalité. Alors, c'est la même chose pour l'Univers et toute la manifestation. Comme on l'a vu, il n'y a que du vide ici avec quelques vibrations. Et quand on regarde de très près, on peut constater que même ces mouvements énergétiques ne sont que pure imagination. En effet, comme l'Absolu est immobile et immuable, comment quelconque mouvement pourrait-il réellement se produire en lui ? Cela n'est pas possible.

Donc, ce monde relatif n'est ni plus ni moins qu'un rêve, qu'une fiction. Rien n'arrive en vérité. Ce n'est que le Soi qui semble apparaître en tant que cette création. Il n'y a que notre Être absolu qui imagine, qui rêve cette existence et, de façon paradoxale, demeure pourtant toujours Éveillé. Au fond, on est simplement où on est depuis toujours. Ce que nous sommes réellement n'a jamais changé, cela a toujours été le même. C'est seulement parce que nous avons oublié notre nature originelle que nous avons cette impression d'être limités dans ce corps et ce personnage.

Certains sages disent que ce qui est extraordinaire, ce n'est pas cet Absolu que nous sommes, qui est en réalité notre état naturel, mais cet incroyable monde manifesté, cette création qui semble si réelle et qui pourtant, n'est qu'un mirage, qu'un reflet de notre Être fondamental. Avec la Réalisation, cela devient une évidence, mais avant qu'elle ne se produise, ça ne peut pas être reconnu. Et lorsqu'il est constaté que tout ce rêve est l'expression de Soi-même, l'existence devient précieuse et belle dans toutes ses facettes, y compris dans sa dualité.

# CHAPITRE 11

# Ce monde est-il réel ? Le rêve de la forme

Qu'est ce monde en réalité ? Existe-t-il vraiment ? En fait, on pourrait comparer cette existence à un rêve. La nuit, lorsque nous dormons, nous oublions tout de notre vie quotidienne. Par exemple, on a pu se marier dans la journée, mais lorsqu'on s'endort le soir, il n'y a plus d'époux (se). On ne sait même plus que l'on repose paisiblement dans notre lit. La conscience d'être cette personne avec un corps et des pensées s'efface complètement. Ainsi, quand nous sommes endormis, ce monde n'existe plus. Il n'y a la nuit que l'état de sommeil profond et les rêves qui surviennent, ces derniers n'étant constitués que d'images et de scénarios produits par notre mental.

Au réveil, nous réalisons que même nos pires cauchemars n'étaient pas fondés et nous en sommes soulagés. Nous pouvons également en rire. Mais quelles frousses on a pu avoir, quels drames on a pu croire comme étant la vérité dans ces mises en scènes imaginaires. On se rend compte alors que cela n'avait pas de réalité et pourtant, l'expérience a vraiment été vécue. Le rêve a effectivement été ressenti comme étant authentique, mais au réveil, on réalise que ce n'était qu'illusion, que chimère, et que tout au long de son déroulement, on reposait bien au chaud et tranquille dans notre chambre.

Cette vie sur ce plan relatif est construite de la même façon. En effet, lorsqu'au petit matin on se dit que l'on a rêvé, c'est seulement le rêve qui se poursuit, mais dans ce monde manifesté. En soi, l'état de veille ne possède pas plus de réalité que celui de nos songes nocturnes. Toutes les aventures que nous expérimentons nous semblent ainsi bien réelles et pourtant tout ce qui existe, c'est le « Rien » avec un surgissement apparent de pensées, de sensations et de perceptions. Cet Univers n'est pas constitué de matière comme nous l'avons vu, mais de cet Absolu vide de tout objet qui semble rêver. Le mental n'a pas non plus d'existence véritable. Il n'est composé que d'un amalgame de pensées et d'images qui sont prises pour la réalité.

Aussi, cet Absolu qui crée ce rêve de la forme pour se contempler et s'expérimenter demeure toujours conscient de lui-même. Il se fait accroire qu'il rêve, mais c'est un jeu, car il est en vérité toujours éveillé. Même si, dans le sommeil profond, tout ce que nous connaissons disparaît, la Pure Conscience existe toujours. Elle est la Source en amont de tout ce qui est perçu et vécu.

Si le Soi absolu n'avait pas connaissance de lui-même, qui pourrait dire : « Je ne suis pas conscient » ? Il faut qu'il existe une Conscience pour affirmer cela. On peut aussi remarquer dans notre propre expérience que lorsqu'on est plongé dans le sommeil, et que notre réveille-matin sonne, ou qu'un bruit fort survient, on se réveille. Cela démontre que la Conscience, même lorsque nous sommes endormis profondément, demeure toujours présente, toujours en éveil. Elle ne se dissout pas. Elle est toujours là. Ce n'est pas le cas pour la personne et le monde qui eux, s'éclipsent la nuit. Ils surgissent le matin au lever, puis disparaissent le soir lorsqu'on s'endort. Ils sont ce qui est rêvé. Ils n'ont pas, par conséquent, de réalité en tant que telle. Le rêveur, c'est l'Absolu, et Lui seul est réel.

Ainsi, la Conscience adore se regarder à travers toutes les expériences vécues dans ce rêve de la manifestation. Elle joue à se redécouvrir dans cette création qui est son propre reflet. Ce monde matériel imaginaire, lorsque nous le regardons de près, est d'une incroyable beauté dans tous ses aspects. C'est la magnificence du Rien, du *No-thing*, apparaissant en tant que la multiplicité et la diversité des formes. Que ce soit dans la fleur colorée et resplendissante ou dans le moindre petit insecte, tout est la perfection même.

Chaque mécanisme de l'atome, de la cellule et des corps humains est d'une précision remarquable. Ce qui a créé tout cet Univers est d'une intelligence et d'une grandeur inimaginables. Aucun mot ne pourra jamais décrire cet Innommable, cet Ineffable. Et c'est Ce que nous sommes, ici, maintenant.

Il n'y a donc rien à réaliser. Tout est déjà là. Il ne reste qu'à le reconnaître et à s'autoriser à l'Être. C'est si simple, mais pour le personnage, cela paraît si compliqué. Le problème, c'est qu'il cherche avec le mental quelque chose qu'il ne pourra jamais connaître ni obtenir. C'est pour cette raison que la Réalisation ne peut être acquise, elle ne peut être que révélée. Ce n'est pas un avoir, c'est Ce que l'on Est.

En fait, l'Éveil, c'est la sortie du rêve. C'est de constater que ce que nous prenions pour la réalité n'était que des histoires construites par le mental. Comme dans les rêves que nous produisons la nuit, tout est le fruit de notre imagination, tout se passe seulement dans notre tête. Ainsi, les scénarios de nos vies quotidiennes se déroulent dans la Conscience qui est le support pour les images qui y défilent. Celles-ci n'étant au fond constitué que de vibrations énergétiques, donnant l'impression d'une apparence de formes telles que des personnages et des paysages.

Par conséquent, lorsque l'Éveil survient, le rêveur peut se détacher de ces histoires inventées. N'étant plus identifié aux objets et aux images oniriques, il est libéré de la souffrance du personnage imaginaire. Ayant transcendé ces chimères, il se rappelle à lui-même. C'est ainsi que, réalisant qu'il est autant le rêveur que ce qui est rêvé, il peut pleinement en savourer chaque instant. Chacun des objets et des expériences est alors goûté dans la pure Présence et on pourrait dire que c'est à ce moment le jardin d'Éden sur Terre. C'est la Joie et le bonheur tant recherchés tout au long du rêve.

Alors, le ciel et la Terre ne font qu'Un. L'Union est ainsi parfaitement réalisée. Seule demeure la Félicité de la Conscience se contemplant en tout et partout. De cette manière, tout est accompli. Il ne reste plus qu'à Être dans ce monde en tant que Cela. À ce moment, il ne subsiste que Ce qui Est, apparaissant en tant que cet univers manifesté. Cette Joie d'Être, ce bonheur éternel est l'héritage, le droit de naissance de chaque être humain.

Aussi, après l'Éveil, tant que le corps subsistera, le film continuera à se dérouler. Les scénarios se produiront toujours, mais notre Être véritable aura conscience qu'il rêve. C'est cette vision qui fera toute la différence. Il sera dans ce monde, mais plus de ce monde. Cependant, il vivra pleinement en toute chose.

Les sages disent que c'est un immense privilège que de vivre en tant qu'être humain. C'est un grand cadeau que de posséder ce corps, de faire ces expériences et d'avoir la possibilité d'être conscient d'être la Conscience, de le réaliser. Sur Terre, ce n'est que dans cette forme, qui a été parfaitement conçue à cet effet, que cela est possible. Cet organisme possède un cerveau, des centres et circuits énergétiques permettant cette Réalisation. Pour ceux qui se sont éveillés à leur vraie nature, c'est une grâce de pouvoir vivre l'aventure de l'expérience humaine.

# CHAPITRE 12

# L'approche non duelle, nous
# et le monde extérieur

L'approche non duelle, aussi nommée la non-dualité, consiste en une façon différente de concevoir la réalité telle que nous la percevons habituellement. C'est une autre perspective. De ce point de vue, il n'y a pas de deux. Il n'y a pas nous et le monde, pas nous et les autres. Il n'y a, comme on l'a vu, que l'Un. Une Conscience unique s'exprimant dans ce jeu de la création à travers toutes les formes. Le moi personnel séparé du reste de l'Univers n'existe pas, pas plus que des objets distincts du Tout. L'Absolu non manifesté et toute la manifestation, sont une seule et même « chose ». Il n'y a pas de dissociation entre ce que nous considérons être l'intérieur et l'extérieur. Tout est fusionné. Le « Rien » est le tout. Le Soi est la création sans aucune division.

Alors, s'il n'y a pas de moi individuel à part, il ne peut pas non plus y avoir les autres. Que sont ceux-ci en réalité ? Ils font, comme tels, partie intégrante de nous-mêmes. Ils sont notre reflet en tant que le Soi, notre Être véritable. Lorsque nous croyons être des personnes séparées, nous voyons tout ce qui n'est pas nous-mêmes comme se situant à l'extérieur. Ainsi, les objets et les individus sont étiquetés par notre mental comme étant différents de nous. Pourtant, nous sommes tous constitués de la même substance. Il n'y a qu'un seul matériau composant l'Univers puisque tout est Unité. Tout est l'expression du même Absolu. L'entièreté de la manifestation possède le même ADN et aucune séparation n'est réelle. Tout est Cela, la Pure Conscience, et rien d'autre n'existe. Par conséquent, on pourrait affirmer que la dualité est purement illusoire.

En réalité, les gens que nous percevons comme étant étrangers et à l'extérieur de notre moi personnel nous servent de miroirs. En pointant nos zones sensibles, ils nous reflètent nos blessures et nos fausses croyances. C'est pourquoi ils sont des outils précieux nous permettant de nous libérer de ces aspects très contractés de nous-mêmes. Ils nous aident ainsi à continuer d'évoluer dans ce monde relatif.

De plus, ces personnes que l'on croit distinctes de nous et qui semblent bien souvent nous heurter, sont aussi notre Soi absolu. En réalité, dans nos malentendus avec les apparents autres, c'est la Conscience qui s'envoie à elle-même des difficultés relationnelles pour se permettre d'expérimenter la forme et de la transcender. On pourrait ainsi dire que ces collisions étaient voulues et planifiées en amont. Ces confrontations sont donc prévues d'avance par la Conscience pour nous permettre d'approfondir notre compréhension et de progresser, car, au bout du compte, cette évolution nous mènera à la Réalisation de notre vraie nature. Même si ces conflits nous semblent parfois pénibles à vivre, en fait, de là-haut, ils sont façonnés dans le pur Amour. Ils n'ont pas pour but de nous blesser l'un et l'autre, mais de nous aider mutuellement à nous éveiller.

Cela fait partie du jeu dans ce monde des apparences. L'expérience de croire qu'il existe des individus séparés et le fait d'être heurtés dans nos relations interpersonnelles sont nécessaires pour avancer sur le chemin vers l'Éveil. Cependant, on retrouve encore ici la perfection de l'Absolu puisque chaque rencontre, chaque parole échangée, chaque conflit et chaque beau moment aussi sont admirablement orchestrés par la Vie. Tout est parfait, à la virgule près, dans le Grand plan. Tout ce qui se produit dans le film de l'existence est nécessaire. Rien n'est le fruit du hasard. Tout arrive au bon moment et à sa juste place.

Au fond, ça se passe comme dans un roman dans lequel on peut constater que tous les personnages n'ont aucun pouvoir sur ce qui survient. C'est l'auteur qui décide de ce qu'il leur advient et non les protagonistes. Alors, il n'y a pas lieu de s'inquiéter, de se prendre la tête. Ce qui arrive doit arriver. Toutes les situations qui se présentent dans nos relations, avec les soi-disant autres, sont essentielles à notre développement comme personnage. Ces apprentissages nous conduisent peu à peu à notre maturation.

Ainsi, chaque trahison et autres situations douloureuses, c'est nous, la Conscience, qui les avons choisies et programmées pour notre évolution. Lorsque c'est compris, il n'y a donc plus lieu d'accuser qui que ce soit pour nos difficultés. On voit alors qu'absolument tout était voulu, accepté et accueilli par la Pure Présence que l'on Est. Il n'y a, par conséquent, jamais eu d'erreurs dans les scénarios de nos vies. La paix tant recherchée par les humains de cette Terre ne pourra venir que par cette responsabilisation. Puis, à maturité, il sera vu que tout était parfait, que rien n'était grave. Partout, il n'y avait qu'Amour dans ce rêve de la création.

Aussi, on peut de nouveau utiliser la métaphore du cinéma pour illustrer comment la Conscience aime bien s'expérimenter dans toutes sortes de situations à travers les récits qu'elle s'invente. Cela se passe de façon similaire dans notre existence, car en tant que personne, lorsque nous regardons des films, nous désirons que les scénarios ne soient pas composés que de beaux moments doux et tranquilles. Nous préférons aussi qu'il y ait de l'action. Des personnages bons et des mauvais, des conflits de toutes sortes… rendent les histoires vivantes, et, comme public, c'est ce que nous apprécions. On ne va pas au cinéma que pour voir des papillons voler calmement sur un écran. On veut que ça soit captivant et être touchés par toutes sortes d'émotions. On souhaite vivre à fond ces aventures et même les épisodes de peur peuvent être perçus comme exaltants.

En somme, au cinéma, ce qui nous plaît, c'est de vivre des sensations fortes tout en étant bien installés dans notre fauteuil et, comme spectateurs, sans en être véritablement affectés. Par exemple, dans le film qui se déroule, on peut vivre la guerre et les émotions avec les personnages et pourtant, on est tranquillement assis dans notre siège, sans vraiment en subir les impacts.

En réalité, c'est la même chose qui se passe dans le film de notre vie. Il y a cette partie de nous, cette Présence témoin, qui demeure intouchée par les situations et même par la souffrance vécue par le personnage. Cette partie n'est jamais altérée ou ternie par quoi que ce soit qui se déroule dans la trame de notre existence. Cette Conscience est, comme nous l'avons vu, l'écran sur lequel les images sont projetées. Comme telle, elle demeure toujours la même, intacte, bien que nous n'en sommes généralement pas conscients parce que nous sommes trop pris par les situations qui se produisent dans les scénarios de notre quotidien.

Pourtant, profondément en nous, c'est connu. Le chemin vers l'Éveil nous amènera à le savoir consciemment. C'est la seule différence entre ceux qui ont réalisé leur vraie nature et la très grande majorité des individus. Même si tous nous sommes la Conscience toujours Éveillée, certains s'en rendent compte et d'autres pas. C'est seulement cette re-connaissance qui les distingue, du moins en apparence, car la non-Réalisation n'existe pas. Il n'y a véritablement rien d'autre que le Soi qui est déjà réalisé.

# CHAPITRE 13

# Pourquoi vouloir changer l'autre ?

Comme nous l'avons vu, il n'y a rien d'extérieur à l'Absolu. Il n'existe en réalité aucune dualité, car tout est le Soi unique. C'est la croyance en un moi séparé qui fait apparaître cette impression d'altérité. Et pourtant, dans nos interrelations, ceux que l'on perçoit comme étant différents de nous-mêmes nous dérangent souvent. On les croit responsables de la plupart de nos difficultés existentielles. C'est de leur faute si on souffre. « L'enfer, c'est les autres », écrivait le philosophe et dramaturge Jean-Paul Sartre.

C'est pourquoi, on souhaiterait bien le changer cet autre. On voudrait le voir agir de la façon dont nous croyons qu'il devrait se comporter. Comment se fait-il qu'il ne pense pas comme nous ? L'individu est souvent convaincu qu'il est celui qui a raison. D'ailleurs, ses jugements sont souvent plus sévères face à autrui que par rapport à lui-même. Aussi, il lui est plus facile de repérer les défauts des personnes autour de lui que d'admettre les siens. C'est l'égo/mental qui porte toutes ces récriminations, tous ces jugements. Au fond, il voudrait que les gens fassent ce que lui ferait dans la situation vécue, car il est certain que son point de vue est le bon.

Pourquoi le personnage agit-il ainsi ? Si nous regardons de plus près, nous pouvons constater que c'est l'émotion que l'autre génère en nous-mêmes qui, en réalité, nous dérange. Cela peut aussi s'appliquer dans toutes les circonstances qui se présentent dans notre vie et de façon encore plus évidente dans celles où il y a de la douleur psycho-émotionnelle. Par exemple, lorsqu'on demande à notre enfant de se comporter d'une telle façon dans une situation qui pourrait le faire souffrir, c'est bien sûr parce qu'on veut le protéger et lui éviter de vivre des moments douloureux. Mais comme tel, ce qui nous affecte vraiment, c'est que le fait de ressentir son mal-être vient nous toucher directement dans notre propre souffrance. C'est ce mécanisme qui est intolérable pour nous et que l'on voudrait à tout prix éviter, même si nous éprouvons une réelle compassion pour ce qu'il ou elle vit.

Ce sont ces contractions en nous, ces inconforts que nous ne voulons pas éprouver. La peur de ressentir cette douleur qui est elle-même reliée souvent à des blessures anciennes est la véritable source de nos malaises. C'est la raison ultime pour laquelle on voudrait que les gens que nous côtoyons soient différents de ce qu'ils sont et qu'ils agissent autrement. C'est pour qu'ils ne mettent pas en lumière nos propres zones sensibles. Et pourtant, en tant qu'une partie de nous-mêmes, c'est le rôle que ces prétendus autres ont à jouer pour nous aider à progresser sur notre parcours évolutif.

Par conséquent, la seule façon de retrouver un bien-être est de regarder notre propre souffrance en face et de la ressentir pleinement. C'est le seul moyen de revenir à Soi et de cesser de voir les individus autour de nous comme étant les responsables de nos malheurs.

Comme on l'a déjà vu, l'autre n'est que le reflet de ce qui se passe à l'intérieur de nous. Il n'est pas responsable des tensions que nous ressentons. Il ne fait que mettre le doigt sur nos anciennes blessures non cicatrisées. Ces dernières sont en nous et n'appartiennent pas à ceux qui nous entourent. Mais pour la personne, il est bien plus facile de tout remettre à autrui. Se regarder dans le miroir et perce-voir sa propre souffrance effraie et fait fuir l'égo. Il n'en veut pas de ce mal-être qui l'habite. Il voudrait qu'il ne soit pas là, qu'il n'existe pas. Le personnage ferait tout pour ne pas aller dans cette direction. Par peur d'être emporté dans ce tourbillon et d'y disparaître, il peut même aller jusqu'à saboter ses plus belles relations. Il peut aussi parfois générer des conflits seulement pour se donner l'impression d'être pleinement vivant.

Pourquoi cela nous fait-il si peur de ressentir nos émotions réprimées ? Parce qu'en allant dans nos traumatismes, on craint de perdre le contrôle ou la raison… Si cela a été le cas dans certaines situations de notre enfance, une fois devenus adultes, on possède tout ce qu'il faut pour faire face à ce qui se passe en nous, y compris nos douleurs psychologiques. Nous avons ainsi la capacité de retourner dans nos zones meurtries et même d'en guérir. La peur n'est en réalité qu'un leurre de notre mental qui tente de nous garder dans l'illusion de ce monde de formes. L'égo, comme on l'a dit, ne veut pas mourir, et on peut le comprendre, car un jour, cela va réellement finir par lui arriver. Cependant, il ne va pas disparaître, puisqu'il n'a jamais eu de réalité. Sa non-existence sera tout simplement constatée et il sera vu tel qu'il a toujours été, soit une simple identification au corps/mental.

Alors, il est inutile de lutter contre l'égo, car cela ne ferait que l'amplifier et le renforcer. Il s'agit plutôt de tout accueillir à partir de la Présence consciente que nous sommes. De cette manière, on peut rassurer, consoler, aimer cet être humain qui a jadis été blessé. L'Amour pour soi peut guérir tous nos tourments. Étant donné que nous sommes cet Amour inconditionnel et pur, il suffit seulement de se le donner à soi-même.

De plus, ce que nous reflète l'autre dans ses comportements qui nous déstabilisent, ce sont les parties de nous-mêmes qu'il nous reste à accueillir. Comme on l'a vu, il n'existe que l'Un indivisible. Les autres sont en réalité nous-mêmes, sans aucune séparation. Nous sommes tous le même Soi sous les apparences d'individus distincts. C'est comme si, par exemple, on faisait des petits trous dans une feuille de papier et qu'on y faisait passer de la lumière. Il semblerait que chaque rayon soit différent, mais en vérité, ils proviennent tous de la même source lumineuse. Ça se produit de la même façon pour la Conscience qui est unique, mais qui semble pourtant se décliner en plusieurs formes humaines.

Aussi, on pourrait dire que ce que vivent les autres ne nous concerne pas. Au fond, qu'en sait-on de ce qui est bon pour eux ? De toute façon, la souffrance, on le sait, est inévitable dans ce monde. Elle nous amène à une compréhension plus grande de qui nous sommes véritablement. Elle est le grand Éveilleur. Cela ne veut pas dire qu'elle soit toujours agréable, mais c'est notre résistance qui l'accentue et la maintient. Si on la laisse nous traverser sans la combattre, elle est vécue et passe tout simplement. C'est comme une vague qui déferle, puis meurt doucement sur la grève. Celle-ci est impermanente, transitoire. Elle passe comme tout dans ce monde relatif.

De toute façon, même si on essayait, on ne pourrait jamais empêcher la mer d'avoir des vagues. Alors, il est préférable de laisser la Vie couler comme elle se doit. La meilleure façon d'aider quelqu'un qui souffre est plutôt de l'accompagner en mettant de côté notre personnage qui pense savoir ce qui est bon pour autrui. Et si c'était parfait ce que cette personne vivait ? Si c'était seulement son propre chemin vers sa Réalisation ?

Alors le meilleur moyen de lui donner du soutien serait d'être dans l'accueil en demeurant tout simplement Soi-même en tant que cette Présence ouverte, tranquille et vide. de laisser la Vie se dérouler en intervenant le moins possible. De toute façon, elle sait bien mieux faire que nous. Être seulement dans la Présence à l'autre en unité dans ce « Je Suis », qui est notre vraie nature, est ce qui aide le plus. La Conscience est l'énergie sous-jacente dans toutes les relations. Ainsi, lorsque l'autre est réellement vu comme Soi-même, c'est l'expression de l'Amour véritable.

# CHAPITRE 14

# Désirer transformer le monde, est-ce nécessaire ?

Pour vouloir changer le monde, il faut d'abord avoir la croyance qu'il existe en nous une personne séparée. Un être distinct du reste de l'Univers qui, comme on l'a dit, pense, choisit et agit par lui-même. Mais comme en réalité il n'y a aucun individu à part qui dirige la vie, il n'est pas possible de modifier Ce qui Est. Puisque le libre arbitre n'existe pas pour la personne que nous croyons être, il n'y a pas de possibilité d'action individuelle pour améliorer quoi que ce soit dans cette existence. Le théâtre de la Vie se déroule de façon automatique au sein même de la Conscience que nous sommes. En effet, tout se produit toujours de soi-même, de manière tout à fait involontaire. C'est comme pour notre cœur qui bat tout seul, le sang qui circule dans nos veines, la digestion, la respiration… qui se font d'eux-mêmes.

Nous l'avons vu, il n'y a pas de monde extérieur à la Conscience. Tout est cet Absolu. Les scènes de l'existence surgissent en nous-mêmes. Ce sont les individus et les galaxies qui émergent dans la Conscience et non le contraire, comme nous l'avions toujours cru.

Cela veut dire que, puisque c'est la Vie elle-même qui agit dans le personnage et qui créé tous les scénarios, le film se déroule toujours de façon parfaite. La Vie sait très bien comment faire les choses. Par conséquent, il n'y a rien à y changer. Les sages ne veulent pas transformer le monde. Ils savent que cet Univers manifesté est l'expression du Soi. En vérité, c'est l'Absolu, ce que nous sommes réellement, qui apparaît en tant que la totalité. Le « Rien » est le tout. Alors, pourquoi vouloir retoucher cette parfaite création ?

En fait, avec la Réalisation du Soi, les désirs se dissolvent. Il y a un total lâcher-prise face à la Vie. Tout est vu comme étant nécessaire à chaque moment de l'existence. Lorsqu'il est constaté que ce que nous sommes est complet, qu'il n'y a aucun manque, il n'y a alors plus de souhait que la Vie soit autrement que ce qu'elle est. Il est su que tout a un sens, même si pour le personnage, ce n'est pas souvent ressenti comme tel.

Lorsque nous regardons dans notre entourage et pour nous-mêmes les épreuves qui ont été vécues, aussi souffrantes qu'elles aient pu être, nous pouvons observer qu'elles nous ont fait grandir. On y a appris beaucoup. On a compris ce qu'il nous fallait intégrer. Ces expérimentations nous ont rendus plus matures sur notre chemin vers l'Éveil.

Les sages disent que, finalement, tout va bien en ce monde. Si on regarde vraiment ce qui s'y passe, on verra qu'il est simplement le reflet des pensées et croyances de la plupart des humains qui l'habitent. De fait, chaque situation qui se présente n'est pas bonne ou mauvaise en soi, elle est neutre. C'est le regard qu'on pose sur l'événement qui le rend positif ou négatif pour la personne. C'est le jugement qu'on porte sur celui-ci qui peut le rendre problématique.

On le sait, chaque individu est unique et ses perceptions le sont aussi. Chacun vit dans son propre monde de pensées et le crée selon ses convictions et conditionnements. Par exemple, pour quelqu'un, une expérience sera vécue comme étant très difficile, alors que pour l'autre, elle ne le sera pas. Ce ne sont donc pas les circonstances en elles-mêmes qui sont problématiques, mais c'est la façon dont on les perçoit.

Aussi, en tant que personnage, on ne peut pas savoir ce que l'humanité a à vivre. Quand on veut transformer le monde, c'est que dans notre propre regard, on le juge inadéquat. C'est en réalité encore une fois notre égo/mental qui commente, critique, qui veut agir en changeant les scénarios qui se produisent dans notre vie, qui veut, qui veut, qui veut… Alors, pourquoi tant de résistance à Ce qui Est ? Parce que l'individu a une vision étroite du monde. Son point de vue est très limité, car il ne part pas de sa vraie nature, la Conscience. Ainsi, il ne peut pas voir l'ensemble de l'œuvre.

C'est comme lorsque nous regardons par le trou d'une serrure. On ne peut alors visualiser qu'une infime partie de ce qui se passe en réalité dans la pièce. Nous ne pouvons donc pas accéder à l'entièreté de la scène qui s'y déroule. De la même manière, en tant que cette personne, nous n'avons pas accès au sens profond de ce qui arrive dans cette vie éphémère. Notre champ de vision est limité. Cependant, tout a un sens même si, par moments, la souffrance peut devenir intense, voire intolérable pour l'individu.

Ainsi, il est évident que du point de vue de l'être humain, il est impossible d'accepter certaines situations de l'existence qui dépassent toutes les limites de l'entendement. Par leur violence, ces événements peuvent engendrer les pires désarrois et une grande détresse pour les gens qui ont à traverser ces expériences pénibles. Mais du point de vue de la Conscience, du témoin que nous sommes en vérité, il n'y a rien à craindre. Tout se déroule comme il se doit pour la progression de chaque âme sur son chemin évolutif. En réalité, rien n'est vécu pour rien.

Alors, lorsque la douleur et la peur s'emparent de nous sur ce plan, on peut se repositionner dans notre Être réel, revenir à ce que l'on est vraiment et s'ouvrir à cette nouvelle possibilité, celle de notre nature intouchable, inaltérable et immortelle qui ne dépend pas des circonstances qui se présentent dans notre vie.

Un moyen d'y parvenir est de s'appuyer sur ce que l'on sait être vrai, de se rappeler que tout cela n'arrive pas à un quelqu'un puisque cette personne égotique n'est pas réelle comme telle. Au fond, les choses ne font que se produire sans un moi individuel pour qui elles surviennent. C'est ce qui Est en ce moment et qui est transitoire, éphémère. Comme on l'a vu, rien ne dure, tout passe, même si certaines situations peuvent être très désespérantes et douloureuses pour le personnage.

De plus, l'égo, dans ce désir de transformer le monde, y trouve souvent l'occasion de se donner de l'importance, ce qui le nourrit. Il aime aussi se donner l'impression d'être du bon côté des choses, de faire le bien. Il cherche ainsi la reconnaissance et l'Amour dans le regard des autres. L'impression d'être quelqu'un de vertueux lui donne également bonne conscience. Cela peut même lui apporter un sentiment de supériorité face à autrui. Le petit moi est friand de toutes ces idées sur lui-même. Elles lui permettent de légitimer à ses yeux sa propre existence.

Mais il ne faut pas s'en inquiéter, l'égo ne fait que ce qu'il a à faire. Il joue son rôle, sans plus. Avec la maturité et le discernement de plus en plus aiguisé, tous ces mécanismes seront vus pour ce qu'ils sont, de simples constructions mentales, et ils seront dépassés. Au bout du chemin, il sera clairement reconnu que le moi séparé n'a, en somme, jamais existé, qu'il est né d'un oubli de Soi relié à l'identification au corps/mental. Il sera vu que cette croyance en sa réalité aura été le vrai problème dans nos vies et dans notre monde. Ainsi, ce n'est qu'en re-découvrant notre Être véritable que les réels changements pourront survenir sur cette planète.

Lorsqu'il sera réalisé que ce monde est un reflet de nous-mêmes, il n'y aura plus d'envie de le détruire. Une bienveillance sera portée à la nature, à notre mère la Terre qui nous porte et nous nourrit. Certains sages parlent de cette nouvelle Ère qui débute pour l'humanité et qui nous mènera à la fin du mental compulsif. Notre monde a été saturé jusqu'à maintenant de toutes ces pensées surgissant les unes après les autres dans notre tête. Ces discours incessants du mental ont dominé nos vies et ont voilé cette Présence lumineuse que nous sommes réellement. Tous ces scénarios sont maintenant en processus de mutation, mais l'humanité se devait de traverser cette phase.

La prochaine étape passera par la re-connaissance de qui nous sommes vraiment. Cette transformation, on peut l'observer actuellement avec l'émergence de toutes ces personnes qui aspirent à la Vérité. En réalité, le changement se fera à partir de l'intérieur des individus. C'est là la clef. Cela se produit actuellement au cœur de chaque être, chacun à son rythme. Mais on peut également constater que cela évolue avec tous ces Éveillés qui témoignent ainsi qu'avec ces enseignements qui ne sont plus hermétiques et qui sont accessibles à tous. Tout cela continuera à se déployer. Là est l'espoir. C'est en se transformant soi-même au lieu de vouloir changer ce qui nous semble être à l'extérieur de nous que la transmutation se produira. En fait, chaque Être qui réalise sa vraie nature illumine un peu plus ce monde.

Cela se fera. Ce n'est pas la première fois que l'humanité arrive à cette étape où elle s'éveille de cet apparent rêve. Ce mouvement fait partie des cycles d'évolution. Il y a la lumière, puis on revient dans l'ombre pour retourner à la lumière. Cet Univers a été créé pour que la Conscience se rappelle à elle-même. Cette évolution au niveau de l'Être s'est produite à travers tous les cycles sur ce plan relatif. Cependant, lorsque le Soi est réalisé, il n'y a plus de nécessité de revenir ici-bas. Ce monde est alors transcendé, c'est-à-dire qu'il a été vu comme n'ayant pas de réalité comme telle. On pourrait dire qu'il y a, à ce moment, une sortie définitive du rêve de la forme. Il ne demeure alors que Ce qui Est, le Soi Absolu se contemplant lui-même en tant que cette apparente création.

Toutefois, dans cette manifestation qui est duelle, il y aura toujours des mouvements et des changements. Ainsi, du point de vue de la personne, la vie sur cette planète peut souvent être vue comme ardue, difficile, voire infernale par moments. Mais du point de vue de la Conscience, tout est toujours à sa juste place. Le lâcher-prise, l'accueil de tout ce qui se produit dans nos vies, l'arrêt de la croyance dans la réalité du personnage et le retour à Soi sont les clefs pour goûter la beauté de la vie sur cette Terre. C'est cela le vrai changement, le nouveau monde tant espéré.

# CHAPITRE 15

# La quête spirituelle : Le chercheur doit mourir

Un jour, dans cette vie ou dans une autre, l'aspiration de l'âme à s'éveiller émergera. Alors, le chercheur spirituel naîtra. Que l'on fasse quoi que ce soit pour l'éviter, à un moment donné, cette quête pour la Réalisation du Soi se présentera à tout être humain. En tant que tel, il n'y peut rien. Il n'a aucun pouvoir sur ce désir surgissant directement de son propre Être, de son Soi.

Ainsi, peu à peu, il sera attiré par des mots, des paroles des sages qui le toucheront profondément au niveau du cœur et qui lui paraîtront être cette Vérité tant recherchée. Pour y puiser ces connaissances, les expériences de sa vie l'amèneront à trouver des livres, à suivre des enseignements, à assister à des conférences et à des partages… Il voudra aussi se retrouver en compagnie de personnes ouvertes à cette Réalité essentielle qu'il sentira en lui-même. Il aspirera de plus en plus à être en présence d'êtres ayant réalisé leur vraie nature et à entendre leurs témoignages. Cela se produit pour beaucoup de personnes à notre époque et ce phénomène ne fera que s'accroître dans les prochaines années.

Ce désir de Réalisation n'est donc pas choisi, comme tout le reste d'ailleurs. Comme le disait si bien Mâ Ananda Moyi : « Ce n'est que le Soi qui se rappelle à lui-même et le Soi qui se réalise lui-même. » Par conséquent, même si souvent le personnage pourra vivre de la résistance face à cette ouverture spirituelle qui se manifeste en lui, il n'aura pas le choix. Cela se produira inévitablement. Sa soif de plus en plus grandissante l'amènera alors à trouver la Source qui pourra l'abreuver. Et avec du temps, de la détermination et certains efforts, le retour au Soi s'accomplira. Pour la majorité des êtres humains, l'Éveil se produira de façon graduelle. Ainsi, le chemin pourra être plus ou moins long, dépendamment de l'intensité du désir de libération ressenti par le chercheur et du mûrissement de son âme.

L'Éveil spontané survient également chez certains individus, mais il est extrêmement rare. Certains l'appellent aussi l'Éveil sauvage. Parce qu'il se produit de façon très abrupte, il est souvent vécu plus difficilement. En effet, le choc qu'il engendre peut être ressenti comme un énorme tremblement de terre puisqu'alors tout s'effondre d'un seul coup. À ce moment, la conception du monde, les croyances et toutes les illusions sont dé-voilées et sont ainsi vues pour ce qu'elles sont, de simples images émergeant au sein de la Conscience. Il est alors constaté que l'Univers matériel n'est qu'une simple apparence transparente, sans densité.

Lorsque cette bascule se produit, la perception de la réalité est complètement remise en question et ça peut être très déroutant et inconfortable pour l'individu qui perd ainsi tous ses repères. Pour certains cependant, l'absorption dans le Soi, dans ce vide de tout objet, est vécu comme une véritable libération. Ils sont souvent dans un état de béatitude intense. Cette période, souvent appelée lune de miel, durera un certain temps avant que tout se rééquilibre. Mais quand la personne disparaît de cette façon lors de l'Éveil, rien ne peut plus être comme avant. Tout a changé et en même temps tout est pareil, car les scénarios de la vie continueront à se dérouler. C'est juste qu'en ne faisant plus comme tel partie du film, il n'y aura plus d'identification à cet organisme corps/mental ni d'attachement aux histoires et aux drames. C'est ce qu'on appelle la sortie de la souffrance.

Ainsi, ce qui sera révélé est ce que nous recherchons depuis toujours. Toutefois, les voies pour y parvenir diffèrent et peuvent être vécues de façon distincte par chacun. Tout chemin est unique, car chaque personnage possède sa couleur particulière. Alors, on ne peut pas savoir de quelle façon cela se fera pour nous ni quand ça arrivera. Nous n'avons aucun contrôle là-dessus. C'est comme pour le bouton de la fleur, on ne sait jamais quand il va éclore et pourtant, à un moment donné, cela se produit.

Par conséquent, comme il y aura autant de parcours que de chercheurs spirituels, les moyens pour parvenir à l'Éveil seront nombreux. Certains voyageront à travers le monde pour rencontrer des Maîtres et des enseignants spirituels. L'Inde, par exemple, est un pays très fertile en ce sens et plusieurs personnes s'y rendent. D'autres méditeront et suivront des enseignements dans les livres ou vidéos à la maison. Quelle que soit la voie qu'ils emprunteront, leur périple sera rempli de découvertes et d'aventures. En fait, le chemin est le but en soi, car une fois qu'il y aura Réalisation, il n'y aura plus de recherche, plus de besoin ni de désir de trouver quoi que ce soit. Il n'y aura même plus de chemin. Il sera vu qu'en réalité, la quête n'était pas nécessaire parce que nous avions toujours été ce que nous cherchions. C'était juste là, en nous. Aucune distance n'avait besoin d'être franchie pour le trouver.

Lorsqu'il sera constaté que nous étions déjà le Soi, il pourra y avoir un grand rire devant cette révélation. Effectivement, oui, c'est assez drôle ! On cherchait si loin de nous l'Éveil alors que nous étions déjà la Conscience toujours Éveillée. On voulait, par exemple, trouver qui nous étions dans les pages d'un livre sans se rendre compte que ce qui était recherché était ce qui lisait ces pages. En effet, ce qui regardait à travers les yeux, c'est Soi-même, cette Pure Présence qui est là en permanence. C'est ce que nous sommes depuis toujours. Cette constatation peut paraître stupéfiante pour le personnage lorsque cela se dé-voile pleinement. Quand ce basculement survient, un grand sentiment de libération est généralement ressenti, accompagné d'une sensation de légèreté et de Joie.

Cependant, avant de parvenir à cette Réalisation, le chercheur, tout au long de sa quête spirituelle, s'activera et sera en mode action. Il tentera de trouver des réponses à ses questions. Il s'ouvrira à d'autres façons de concevoir son passage sur Terre. Souvent, ce qui l'amènera à cette recherche, ce seront les événements difficiles dans sa vie. La mort d'un être cher, la maladie, une rupture ou le fait d'être confronté personnellement à sa fin l'amèneront à se repositionner face à sa propre existence.

De plus, si nous regardons ce qui se passe en général dans notre vie quotidienne, nous pouvons observer que la plupart d'entre nous courons sans arrêt. Nous sommes continuellement submergés par les pensées et les actions qui se suivent les unes après les autres. Cet appétit de l'égo/mental pour toujours faire sans s'arrêter ne permet pas ainsi à la personne de se poser des questions pourtant essentielles à propos de son Être et de sa présence en ce monde. Par exemple, si on se dépose un instant, on pourrait se demander : Que sommes-nous venus faire ici-bas ? Où allons-nous ? Pourquoi cette course incessante ? Qu'y a-t-il hors de cette vie ? Qui suis-je vraiment ?… Ce sont autant d'éléments qui ne sont pas souvent abordés dans la vie courante. C'est, la plupart du temps, la souffrance qui nous oblige à nous arrêter et à nous poser ce genre d'interrogations.

Ainsi, la quête débute souvent à partir de ces moments doulou-reux. Comme telle, cette recherche de l'Éveil, même si elle semble en général nécessaire sur le chemin, créera une certaine tension chez le chercheur spirituel. Il tentera au début de trouver à l'extérieur de lui ce qui en fait se situe à l'intérieur. Néanmoins, les réponses qu'il obtiendra l'amèneront à une plus grande compréhension de son Être et de l'Univers dans lequel il évolue. Plus il approfondira ces connais-sances et plus son cœur voudra savoir. Et, souvent, après quelques années sur cette route, son désir de libération s'intensifiera.

Cette volonté de réaliser sa vraie nature pourra même devenir une obsession pour la personne qui cherche. Cette tension deviendra même souffrante vers la fin du parcours. L'impression de se sentir incomplet et la sensation de manque pourront alors être ressenties de façon intense. Le désir d'union, d'unité avec le Tout s'apparentera à un feu brûlant pour l'individu qui aspire à la Vérité de son Être. Il lui faudra à tout prix trouver. Sa soif d'Éveil pourra même lui sembler insupportable, ressemblant à celle d'un assoiffé en plein désert. Et alors, épuisé, exténué de ce mal-être, le chercheur n'aura pas d'autre alternative que de tout lâcher. À ce moment, émergeront en lui ces questionnements : Pourquoi cette recherche ? Qui veut trouver ? Qu'est-ce que je veux obtenir ? Qu'est-ce que je veux tant atteindre ?

Lorsque ces prises de conscience se produiront, il sera clairement vu que c'était l'égo qui, en quelque sorte, s'était approprié cette quête. Ce dernier désirait ainsi trouver une voie pour se sortir de la souffrance. Il s'était fait tout un scénario de l'Éveil. Il pensait qu'en trouvant l'illumination, il obtiendrait le gros lot, soit un Amour inimaginable et sans faille, un statut spécial en tant que personne illuminée, un état permanent de béatitude… Au fond, il pensait trouver ce qui lui manquait pour être pleinement et définitivement heureux.

En réalité, c'est parce qu'il se croyait être un moi séparé et incomplet qu'il recherchait toujours quelque chose de plus. Il voulait vivre une autre expérience que celle qui apparaissait dans l'instant, pensant ainsi pouvoir atteindre cette complétude. Mais sans le savoir, ce qu'il désirait par-dessus tout, c'était la fin de la recherche et même la fin du chercheur qui, elles seules, pouvaient lui apporter le bien-être, la Paix et le bonheur tant souhaités. Cependant l'égo, lui, n'a pas envie de s'arrêter, il préfère continuer cette quête ardue car elle le maintient dans un état de lutte et lui permet ainsi de se sentir bien vivant.

Toutefois, en examinant de plus près ce qui se passe réellement, il sera constaté qu'il n'y a jamais eu aucun manque. Que cette sensation d'incomplétude ne faisait qu'apparaître dans le mental de la personne. Il ne s'agissait encore une fois que d'une simple pensée crue, rien de plus. Lorsqu'on tourne son regard vers la Présence consciente qui perçoit cette croyance, on peut observer qu'à cet endroit d'où tout est perçu, il n'y a jamais eu besoin de rechercher quoi que ce soit. Il est vu que l'on a toujours été complet, sans rien à ajouter ni besoin à combler. La quête n'était finalement qu'un scénario dans lequel le personnage a joué le rôle du chercheur. Ce n'était qu'une autre histoire crée par l'égo/mental, que des idées imaginaires, surgissant dans le film de l'existence.

Ainsi, lorsque cela est clairement vu, il est réalisé que le chercheur doit mourir pour que l'Éveil se produise et pour re-découvrir ce que nous sommes vraiment. Alors, il est aussi constaté que nous n'étions pas cet individu qui voulait trouver la libération. Nous étions en réalité ce qui le percevait, l'espace de Conscience dans lequel la personne ainsi que sa recherche apparaissaient.

En abandonnant le chercheur spirituel, il ne demeure plus que Cela, le Soi. Il ne sera pas toujours facile toutefois de laisser tomber la quête. Le petit moi y tient. Il tentera de nous faire croire que si on cesse de vouloir atteindre l'Éveil, on ne le trouvera jamais. Le lâcher-prise n'est pas simple à effectuer, car l'égo fera tout en son pouvoir pour nous dissuader de renoncer au nirvana tant souhaité. Il y a aussi l'habitude de chercher qui est difficile à délaisser pour l'individu conditionné à toujours se tendre vers autre chose.

Des pensées telles que : Qu'est-ce que je vais faire du reste de ma vie si je cesse toute action de recherche ? se présentent et l'égo/mental aime bien se tenir occupé. De cette façon, il n'y a pas de place pour qu'on puisse remettre son existence en question. Par conséquent, ces interrogations lui font peur, car il sait bien qu'elles risquent de compromettre sa survie. Eh oui ! En lâchant tout désir de trouver, toute sensation de manque à combler, il ne sera plus nécessaire de maintenir la croyance dans l'incomplétude du personnage. À ce moment, ce moi séparé du Tout sera vu comme ayant toujours été purement imaginaire.

Ainsi, pour un certain temps, du point de vue de la personne, le besoin sera ressenti de continuer à chercher sans relâche, au risque de s'épuiser à force de ne jamais trouver. Car ce que le petit moi souhaite acquérir par cette quête, il ne pourra pas l'obtenir. Ce ne sera pas lui en tant qu'individu qui un jour connaîtra l'illumination. L'Éveil n'est pas dans le film. Il est en dehors de celui-ci, au-delà. C'est le Soi qui va se dé-voiler et se révéler à lui-même. C'est cela la Réalisation.

Comme tel, le personnage fait partie du rêve qui se déroule dans la Conscience. Celui-ci sera dissout dans Ce qui Est lorsque l'illusion sera démasquée. En vérité, aucune personne n'a jamais réalisé l'Absolu. Et c'est cette confusion dans l'esprit du chercheur qui se dit : « Je veux être Éveillé » qui est, au fond, le plus grand obstacle à sa libération. Il ne le sera jamais. C'est plutôt, lorsque le voile apparent tombera que le Soi véritable brillera librement à travers lui.

Par conséquent, la quête et le chercheur lui-même devront être délaissés avant que le Soi ne puisse être réalisé. En effet, il faudra tout abandonner, surtout les croyances affirmant qu'il existe un individu séparé qui doit atteindre quelque chose qui n'est pas déjà présent. Aucun désir ne devra subsister pour que le personnage se dissipe, même celui de l'Éveil. C'est pourquoi celui qui cherche doit disparaître, il doit mourir. Toutes ses attentes sont ce qui l'empêche d'Être consciemment Ce qui est déjà là..

Mais, il ne faut pas s'en faire, la re-connaissance de sa vraie nature se fera d'elle-même. Les expériences spirituelles vécues par le chercheur, tout au long de son périple, il ne les a pas choisies ni orchestrées, elles se sont toutes produites de façon spontanée. Ce sera la même chose pour l'Éveil dont il ne pourra pas être l'auteur. En fait, le personnage n'a aucun pouvoir sur le moment ou la façon dont cela surviendra. Alors, il vaut mieux abandonner l'idée même de recherche. En vérité, il n'y a rien à trouver puisque tout ce à quoi on aspire, nous le sommes déjà totalement.

Lorsque ce sera pleinement réalisé, le chercheur disparaîtra complètement. Il n'aura plus aucune raison d'exister. Et c'est dans cette détente que les ouvertures se produiront et non dans la tension que créait la quête. Comme tel, le dévoilement se fera de façon unique et parfaite pour chacun. Alors, il n'y a rien d'autre à faire que de s'abandonner à notre propre Soi, de laisser la Vie faire son œuvre et nous guider vers les sages, les enseignements, les prises de conscience qui vont nous mener à notre libération.

# CHAPITRE 16

# Le corps – le mental – l'égo :
## leurs rôles dans notre existence

Le jeu divin, nommé *Lila* en Inde, est la vie dans cet apparent Univers manifesté. En réalité, ce monde illusoire a été créé par le Sans-nom, l'Absolu, pour jouer à se contempler et à se rappeler à lui-même. Cette pure Conscience, ne pouvant se voir par elle-même, a besoin de se refléter dans la forme pour pouvoir se regarder. Son reflet est présent dans chaque particule de matière et dans chaque expérience vécue sur ce plan.

Au fond, comme nous l'avons vu, la manifestation entière apparaît dans la Conscience et elle en est composée, car il n'y a que cette même substance en tout et partout. Le jeu divin est de vivre toutes les expériences, d'en savourer les différentes textures et de réaliser finalement que tout ce monde phénoménal est Soi-même. Ce que nous sommes, cet Absolu, est fondamentalement une potentialité créative infinie. À partir d'une seule et première vibration, le « Je Suis », ce jeu de la création naît.

Mais pour prendre part à ce film, à cette représentation cosmique, il nous faut des outils. Ça prend l'équipement nécessaire pour que la Conscience puisse s'exprimer dans la forme. C'est pour cette raison qu'il nous est indispensable de posséder un corps, un mental et un égo. Sans un véhicule de chair pour nous mouvoir et ressentir les perceptions par les sens, il ne pourrait y avoir d'expérimentation de ce monde matériel. Ce sont par les sensations visuelles, tactiles, auditives, gustatives et olfactives que nous pouvons goûter tous les éléments du film.

Ce corps, d'une mécanique extraordinaire dans ses moindres détails, est essentiel pour jouer dans les scénarios de l'existence. Il en est de même pour le mental. Cependant, je ne parle pas ici de son aspect compulsif et inutile à émettre des pensées telles que des commentaires et jugements incessants qui créent toutes les histoires illusoires auxquelles le personnage croit.

En fait, ce qui est requis pour agir de façon rationnelle dans la vie et pour que les actions justes soient posées, c'est la fonction exécutive du mental. Cet outil est semblable à un ordinateur qui nous permet d'organiser, de sélectionner, de prioriser et de classer toutes les données que notre cerveau reçoit. Nous en avons besoin pour structurer notre pensée, pour écrire, lire, planifier nos rendez-vous… enfin pour toutes les activités de la vie quotidienne. Sans lui, notre existence n'aurait pas de direction, pas de sens. Il est donc un merveilleux instrument nous permettant de naviguer adéquatement en ce monde. Le seul problème pour l'être humain, c'est que le mental est devenu le maître, alors que sa fonction est celle d'un serviteur dans le grand jeu. Ainsi, lorsque nous reprenons consciemment notre place en tant que maître de nous-mêmes, il peut interpréter pleinement sa partition et devenir un formidable complice.

L'égo est aussi un élément essentiel pour que la pièce de théâtre de l'incarnation puisse se dérouler. Pour y tenir un rôle, ça nous prend un personnage. Ce dernier se construit dès la petite enfance par l'acquisition de toutes sortes de conditionnements et de croyances. Puis, grâce à cette illusion d'être un moi séparé, il peut prendre plaisir au jeu. Ainsi, en se sentant exister de façon individuelle, il peut vivre toutes sortes d'aventures agréables ou difficiles. Comme tels, ce sont les hauts et les bas de la vie qui rendent l'histoire de la personne palpitante. Sans ces scénarios, il n'y aurait pas de possibi-lités pour la Conscience de vivre tous les types d'expériences. C'est comme lorsqu'on lit un bon roman, on apprécie l'idée que ça ne va pas toujours bien dans l'intrigue. Ça prend de l'action et toutes sortes d'émotions pour que ce soit intéressant.

Par conséquent, l'identification à cet organisme corps/mental va nous permettre cette expérimentation dans toutes les situations possibles et inimaginables qui se présenteront sur notre chemin. De cette façon, à chacune de nos existences, l'âme continuera ses apprentissages et sa maturation. Les personnages changeront, mais ce sera la même flamme qui continuera à s'incarner. L'histoire se poursuivra avec les mêmes attributs essentiels que l'individu possédait dans sa dernière vie. Ce sera le même Être, mais sous d'autres traits, qui continuera sa route. Et d'expérience en expérience, la maturité viendra pour l'âme. Puis, un jour, l'idée même d'être une personne sera transcendée. À ce moment, le moi séparé sera vu pour ce qu'il est, c'est-à-dire seulement une impression erronée. Il ne faut donc pas voir le mental, les pensées et l'égo comme quelque chose de négatif. Ce ne sont pas des obstacles à l'Éveil, mais plutôt des instruments nécessaires à notre propre libération.

Après la Réalisation, les pensées seront toujours présentes. Elles font partie du film qui continuera à se dérouler de façon automatique sur l'écran de la Conscience. Mais elles ne seront plus crues ni saisies, sauf lorsque ce sera nécessaire pour fonctionner dans ce monde matériel. Elles seront alors vues pour ce qu'elles sont, de simples phénomènes surgissant dans la Présence que nous sommes. Ainsi, le mental sera utilisé de façon appropriée pour les activités intellectuelles nécessaires au bon fonctionnement de la vie quotidienne. L'égo, quant à lui, sera vu comme n'ayant jamais réellement existé. C'est le fait de s'identifier au corps et aux pensées qui lui a permis d'être, en apparence, un acteur dans le scénario de notre existence.

Ainsi, après l'Éveil, le moi personnel continuera à faire partie de notre aventure sur ce plan, mais on n'y croira plus. On sera alors parfaitement conscient de jouer un rôle, sans plus s'y identifier. À ce moment, il sera vu de façon évidente qu'il n'y a jamais eu d'individu séparé auteur de quoi que ce soit. Il n'y a toujours eu que la Conscience interprétant elle-même tous les rôles dans les scènes de la vie. Avec ce détachement face à la personne et aux histoires vécues, il n'y aura plus qu'à Être là, présent dans chaque mouvement de l'existence, comme la mer qui se vit à travers toutes ses vagues. On peut dire qu'alors, la chenille égo sera devenue papillon. Mais il fallait faire l'expérience de ce moi fictif dans l'apparente dualité de ce monde pour arriver à sa libération dans l'Un.

Enfin, en changeant notre perception face à notre propre existence et en la voyant pour ce qu'elle est réellement, c'est-à-dire un simple jeu, une pièce de théâtre, nous pourrons nous y sentir plus libres et légers et nous en réjouir davantage. Les sages disent que plus notre regard se tournera vers l'intérieur et plus le voile de la Maya, la nature illusoire de ce monde, s'usera jusqu'à ce qu'un jour, il disparaisse. Il se soulèvera lors des aperçus d'Éveil qui pourront survenir sur notre parcours et retombera jusqu'à ce qu'il révèle totalement notre vrai Soi. Alors, il ne demeurera plus rien d'autre que Ce qui Est, l'Absolu apparaissant en tant que cette manifestation.

# CHAPITRE 17

# Tout apparaît maintenant

Comme nous l'avons vu, il n'existe que l'éternel maintenant. Il n'y a pas comme tel de passé ni de futur ni même de moment présent. Tous ces concepts font appel à la notion de temporalité. Dans ce monde, nous fonctionnons à partir de ce temps relatif, mais ce n'est qu'une perception de la réalité qui est limitée à l'apparent moi séparé, à ce personnage que nous croyons être.

En fait, tout ce qui arrive apparaît dans l'instant. C'est dans le maintenant que toute expérience a lieu. Les événements semblent se vivre sans interruption les uns après les autres, mais au fond, ils surgissent de façon spontanée dans la Présence atemporelle que nous sommes. Dans ce hors temps immuable qu'est la Conscience, les mouvements sont toujours nouveaux, toujours frais. La seconde que vous vivez en ce moment même ne s'est jamais produite avant et ne se reproduira plus jamais de la même manière. Ainsi, tout est sans cesse renouvelé à chaque instant.

Encore une fois, nous pouvons faire un parallèle avec le cinéma où chaque séquence est constituée d'une image, puis d'un espace vide qui se succèdent sans arrêt. Cela donne l'impression que c'est un film en continu qui se joue sur l'écran, mais en réalité, ce sont des photos entrecoupées d'une ligne noire, d'un vide qui, défilant à haute vitesse, donne cette sensation de continuité. De façon similaire, dans notre existence, il apparaît une image à chaque nanoseconde au sein même de la Conscience vide que nous sommes. C'est parce que ces tableaux se succèdent à haute vitesse qu'il semble y avoir une trame ininterrompue.

Ainsi, dans notre vie, tous les mouvements se déroulent, en vérité, dans cette Présence consciente, dans ce maintenant qui lui ne bouge pas. Cela se passe de la même façon au cinéma où on peut constater que la toile blanche est immobile et que ce sont les paysages et les personnages qui y défilent et s'y animent. L'écran, quant à lui, demeure toujours inchangé, qu'il pleuve, qu'il neige ou qu'il y ait un feu dans l'histoire qui est projetée devant nous. Il n'est jamais affecté par les scènes qui y sont présentées. Pourtant, cette toile de fond n'est pas séparée des images qui prennent vie à sa surface. En somme, elles sont une seule et même chose. Elles ne font qu'un.

Par conséquent, quoi que l'on fasse, quoi qu'il se produise dans le film, ça se passe dans l'instant. Le passé, le présent et le futur ont tous lieu dans ce même maintenant immuable. C'est parce que les formes changent et bougent, en apparence, qu'il semble y avoir un défilement d'un temps qui passe. En réalité, il n'y a toujours eu que la même atemporalité immobile dans laquelle tout s'est toujours produit. Cela peut sembler paradoxal mais c'est parce que ça ne peut pas être compris mentalement. C'est dans le vécu direct que cette compréhension se révèle. En fait, ce que nous sommes vraiment, c'est cette vacuité hors temps et hors espace.

Alors, qu'en est-il des vies antérieures et des réincarnations ? On pourrait dire qu'elles ne sont pas définitivement réelles. Elles ont lieu en tant qu'expériences vécues dans la Conscience, mais elles n'ont d'existence que parce qu'on y croit. Elles ne sont, comme telles, que de simples constructions mentales. Tant qu'il y a croyance au temps, elles continuent à être expérimentées en tant que cette apparente réalité. Cependant, quand il est clairement vu que la temporalité n'est qu'un concept linéaire particulier à ce monde, il est réalisé que chaque situation est vécue dans ce jaillissement de l'instant.

Chaque forme manifestée, que ce soit un humain ou tout autre objet matériel ou subtil, surgit spontanément de l'espace de Conscience que nous sommes. Toutefois, il n'y a pas de séparation entre l'Absolu et ces formes qui émergent dans ce maintenant sans temps. En réalité, les images des scénarios de la vie sont une modulation de la Conscience comme celles du film sont une modulation de l'écran. On pourrait dire que c'est ce dernier qui, au cinéma, prend l'apparence des personnages et des paysages projetés sur sa toile.

Si nous regardons de plus près, nous verrons que ce surgissement sans cesse renouvelé de la Vie est le reflet de nos convictions et c'est en fonction de celles-ci que l'existence va se manifester dans notre quotidien. Ce qui apparaît dans le maintenant intemporel naît de notre monde de pensées et de croyances. C'est parce qu'on suppose que telle chose est réelle qu'elle va se présenter dans le scénario du personnage. Le film se déroule seulement dans notre imagination, selon nos propres idées crues et nos conditionnements. Et c'est parce que l'on croit à la notion de temps linéaire qu'il semble y avoir un passé et un futur. Comme on l'a vu, il est impossible d'expérimenter ailleurs que dans le maintenant des instants antérieurs ou postérieurs à celui que vous vivez actuellement. Au fond, ce ne sont que des pensées d'avant et d'après qui surviennent dans notre mental en ce moment et rien de plus.

Il n'y a pas non plus de début ni de fin à maintenant. Cela peut être vécu de façon directe en procédant à cet exercice : cessez toute pensée reliée au passé et aux projections futures, puis demeurez centrés dans l'instant. Ensuite, essayez de voir si vous pouvez découvrir un début et une fin à maintenant. Si vous regardez bien, vous n'en trouverez pas. Pas de commencement ni de fin. De ce fait, il n'y a pas de naissance ni de mort non plus. C'est là l'essence même de notre vraie nature qui est éternelle.

Par conséquent, comme chaque mouvement de la Vie est cette éruption spontanée dans l'instant, il n'y a aucun problème avec ce qu'il s'y passe. Que l'on soit menuisier, chanteur ou ascète dans une grotte, tout est toujours parfait, car c'est seulement Ce qui Est maintenant. Ce n'est que le scénario qui se déroule en ce moment dans l'existence du personnage. En vérité, la personne n'a jamais rien fait. Tout ce qui arrive n'est que le jaillissement sans cesse renouvelé de la Vie qui apparaît dans la Conscience atemporelle.

Ainsi, le personnage n'a aucun pouvoir sur ce qui surgit spontanément dans l'instant. Tout est involontaire, mais l'individu sera amené graduellement durant son parcours à devenir conscient de son monde de pensées et de croyances. Ainsi, il verra qu'il n'a jamais eu de libre arbitre sur quoi que ce soit et que ce sont ses propres conditionnements et convictions qui ont engendré les situations qu'il a vécues. Son existence personnelle sera elle-même vue comme illusoire et de ce fait, elle sera transcendée. Alors ne restera plus que ces évènements se produisant apparemment dans l'éternel maintenant. C'est là que sera trouvée la véritable joie d'Être.

Alors, s'il n'y a que cette Vie qui jaillit à chaque instant, il n'y a plus lieu de se casser la tête avec ce qui se produit dans ce monde. Premièrement, on n'y est pour rien dans ce qui survient maintenant. Deuxièmement, tout ce qui se passe est exactement ce qui doit arriver. Pourquoi êtes-vous à tel endroit actuellement à lire ces lignes ? Parce que c'est là que vous devez être et c'est ce que vous devez faire. Il n'y a rien de plus que cela.

On est où on est et on fait ce que l'on fait en ce moment parce que c'est ce que l'on doit vivre. Il n'y a même rien à accomplir, rien à atteindre ni à trouver, car nous sommes complets maintenant. Nous sommes déjà l'Absolu à l'instant même. Il n'y a pas de distance à franchir entre soi et Soi. Quelle détente cela peut apporter dans nos existences lorsque cette évidence est vue et réalisée ! On est Cela et on ne peut pas être autre chose. Sans début ni fin, maintenant.

Toute autre croyance n'est qu'illusoire, car ce n'est pas la réalité de ce que nous sommes. Alors, il est préférable de tout accueillir, de tout accepter comme c'est, parce que c'est Ce qui Est. De plus, la Vie sait très bien comment faire les choses. Elle nous fait vivre toutes les expériences dont nous avons besoin pour notre évolution dans ce monde relatif. Ainsi, elle aime jouer à se manifester et à s'expérimenter dans toutes les formes, dans tous les personnages et tous les scénarios pour qu'un jour, arrivés à maturité, nous puissions nous éveiller à notre vraie nature, le Soi éternel que nous sommes au-delà du temps et de l'espace.

# CHAPITRE 18

# L'Un et l'Amour absolu

La souffrance universelle en ce monde provient du sentiment de séparation d'avec l'Un. L'Amour, qui est notre propre nature, semble voilé par cette fausse croyance d'être un individu corps/mental séparé du Tout. Cette erreur de perception crée une sensation de manque chez la personne et l'amène à rechercher ce sentiment pur dans ce monde de formes. Il en résulte une quête insatiable d'Amour sur notre chemin. On le cherche de toutes les façons possibles. On va ainsi essayer de plaire et d'être accepté par autrui. On va même jusqu'à s'oublier pour que les autres nous donnent un peu de ce nectar dont on semble tellement manquer.

Nous voulons être aimés de nos parents, de nos pairs, d'un conjoint, de nos enfants… Aussi, nous désirons tellement être reconnus par les autres! Nous voulons qu'on nous dise que nous sommes appréciés, que nous sommes dignes d'être acceptés et aimés. Tant de souffrances sont vécues lors de cette recherche incessante de l'humain pour trouver ce sentiment d'Unité avec ses semblables. La raison pour laquelle nous désirons tant trouver cet Amour, est que, quelque part en nous-mêmes, nous savons que c'est ce que nous sommes. C'est notre essence même en tant que la Conscience, la Présence.

Toutefois, le problème pour nous, individus, c'est que nous ne cherchons pas au bon endroit. Nous tentons de trouver à l'extérieur de nous-mêmes ce que, en réalité, nous sommes déjà. Cela n'est pas grave en soi, car cette confusion fait partie du scénario que notre personnage a à vivre dans cette incarnation. Cette méprise est inhérente au jeu divin que la Conscience a créé pour, au bout du chemin, se re-connaître elle-même en tant que cet Amour absolu. À la fin, le voile se lèvera et il sera vu que ce parfum du Soi n'avait jamais été absent tout au long du périple de cet apparent moi séparé.

En fait, c'est en retrouvant notre Unité que le véritable Amour sera goûté. La façon d'y arriver est toujours la même, c'est-à-dire en regardant en soi. C'est en tournant notre regard vers l'intérieur que l'on pourra voir que nous ne sommes pas la personne qui cherche ce parfum de l'Être, mais plutôt Cela qui est camouflé derrière tous les personnages et les scénarios de l'existence. Sous toutes les formes, tous les masques, vit la même Présence consciente aimant tout inconditionnellement. Nous sommes ce Soi omniprésent, cet Amour absolu partout sans aucune distinction. C'est dans cette révélation que la recherche de ce joyau, qui est toujours là en nous-mêmes, s'arrêtera et que la complétude sera trouvée.

L'Amour, c'est cette Réalisation que tout est Un, sans aucune frontière, aucune division. Lorsque, par exemple, nous regardons sans séparer ce qui se présente devant nous, ce que nous voyons, en réalité, ce n'est qu'un seul et même champ perceptif. Il n'y a qu'une seule image avec des couleurs. C'est le mental qui, ensuite, met des étiquettes sur ce qu'il voit et qui découpe la scène en pièces détachées. La personne regarde et dit : « Ça, c'est une chaise, ça, une table… » Puis, après avoir étiqueté ce qui apparaît dans son champ de vision, l'égo, ce moi séparé, va ajouter des jugements à ce qu'il perçoit. Alors, il dira : « Cela j'aime et ça, je n'aime pas. » Mais, c'est parce que sa nature est duelle, parce qu'il est lui-même un objet né dans la Conscience, qu'il divise tout ainsi.

Par conséquent, ce que nous voyons devant nous n'est qu'un même tableau, sans découpage. En vérité, tout est unifié. Il n'y a que le même Être derrière toutes les perceptions recueillies par les cinq sens. De plus, sans la Conscience pour les ressentir, ces sensations ne pourraient exister. En effet, cela servirait à quoi pour un son, un goût, un paysage, une odeur ou une sensation physique d'exister s'il n'y avait pas quelque chose qui en était conscient? À rien. Au fond, toutes les perceptions, les sensations, les émotions et les pensées n'existent que parce qu'elles sont perçues par la Présence. Si on va au cœur de chacune d'entre elles, on verra qu'elles sont en réalité composées uniquement de cette énergie consciente qui est partout.

Lorsqu'il est vu que derrière toute manifestation dans l'Univers, il n'y a que cette Conscience unique et qu'il n'y a plus de différenciation entre celle-ci et tout ce qui y apparaît, l'Amour absolu se révèle. On se voit alors soi-même dans tous les êtres et dans toutes les formes de ce monde. La contemplation de son reflet dans l'autre est la définition même de ce sentiment pur. Comme on l'a vu, cette Présence consciente est notre nature réelle. Nous sommes donc cet Amour. Voilà pourquoi c'est en soi qu'il faut chercher pour trouver cette Unité à laquelle notre cœur aspire depuis toujours. C'est là que se trouve la véritable nourriture que nous recherchons. Lorsque ce retour à Soi se produit, il n'y a alors plus besoin de quémander l'Amour à l'extérieur de nous-mêmes. Il est vu comme étant une qualité indissociable de notre Être, se reflétant dans toute la création.

Aussi, lorsque cette conscience de l'Unité est vécue avec la nature et toutes les formes matérielles, nous faisons alors l'expérience de la beauté. La joie naît de cette re-connaissance de Soi en l'autre et dans le monde qui nous entoure. Dans tous les règnes: minéral, végétal et animal, nous sommes autant présents que dans les autres êtres humains. La même Présence consciente qui est notre vraie nature se trouve en tout et partout et elle est Amour et beauté. Même derrière la souffrance, elle est présente. En réalité, il n'y a que Cela. Cet Amour pur vibre au cœur de chaque atome, de chaque forme, de chaque être. Cette Présence aimante embrasse tout ce qui se produit à chaque instant. Elle accueille la totalité de la manifestation sans condition ni séparation. Il ne pourrait en être autrement, car tout n'est qu'Elle-même. Ainsi, nous sommes tous le même Soi, le même Amour, l'Un.

# CHAPITRE 19

# Maître et disciple de soi-même

Comme nous l'avons vu, il n'y a que l'éternel maintenant qui existe véritablement. Alors, le futur et le passé ne sont pas de nature réelle. Les vies antérieures ne sont aussi qu'illusoires puisque tout se passe simultanément, dans ce maintenant hors temps. Les expériences se sont apparemment produites, mais sans temps linéaire. Elles ont toutes été vécues au même instant. Cependant, cela est absolument insaisissable pour le mental.

Il ne faut donc pas chercher à comprendre cette atemporalité avec notre tête, mais on peut la pressentir intuitivement dans l'espace du cœur. Ce n'est qu'en ce « non-lieu » que cette Réalité peut être comprise et se révéler. Cela ne se passe pas au niveau des pensées, mais profondément en Soi, en cette Présence qui a toujours été là avant le mental, avant la création de cet Univers, avant quoi que ce soit. Ainsi, il s'agit d'un vécu qui ne se situe pas non plus au niveau des sens ni des perceptions. Au fond, c'est la Conscience qui plonge en elle-même et qui s'expérimente directement.

Par conséquent, tous les scénarios des vies antérieures joués par notre Être véritable n'ont pas été plus réels que ceux qui se déroulent la nuit dans nos rêves. Ces derniers ont eu lieu, mais au réveil, on se rend compte qu'ils n'étaient que des chimères sans aucune consistance. Ils ne sont pas plus vrais que les images projetées par la lumière sur les écrans de cinéma. Dans l'espace de Conscience, ces histoires sont vues comme transparentes, sans aucune densité. Alors, toutes ces aventures vécues dans ces apparentes vies antérieures où on a adoré jouer entre autres les rôles de maîtres et de disciples, d'élèves et d'enseignants n'ont eu de réalité que pour le personnage.

Ainsi, nous avons bien aimé, dans ces incarnations de chercheurs spirituels nous prosterner au pied de notre enseignant. Le lien gourou et disciple est au cœur de la culture en Inde, et chez tous les peuples, on a vénéré depuis toujours les divinités, les maîtres… Cela fait partie du jeu divin créé par la Présence que nous sommes. De plus, il y a eu beaucoup d'apprentissages faits à partir de ces rôles. En particulier celui de disciple qui a amené la personne à cultiver l'humilité, le don de soi, la gratitude… Celui de maître a sûrement permis d'intégrer les connaissances profondes de la Vérité et d'ancrer cette compréhension de plus en plus fermement au cœur de son être.

Ces rôles, nous les avons tous joués. La Conscience aime s'expérimenter et se contempler dans tous les personnages ainsi que dans tous les scénarios possibles. Comme tel, pour notre nature fondamentale, l'Absolu, il n'y a aucune différence entre n'importe quel évènement puisque tout est Lui-même. Tout est équanimité. Il n'y a pas de hiérarchie ni de niveau dans la Conscience. Tout est égal. Donc, ces histoires d'élèves et d'enseignants n'étaient seulement qu'un jeu, rien de plus.

En réalité, en tant que la Présence, nous interprétons tous les personnages simultanément. Par conséquent, nous sommes autant le Maître que le disciple de nous-mêmes. Aussi, ce n'est pas grave de vénérer des dieux ou des sages quels qu'ils soient, mais cela ne nous amènera pas à voir, qu'en définitive, le vrai Maître, c'est notre Soi absolu. Ainsi, durant le cheminement terrestre, dans ce monde apparent, il y a un individu qui mature à travers toutes les situations qu'il expérimente. Pour ce faire, il revêt, à chacune de ses incarnations, un costume différent pour lui permettre de prendre part à cette grande pièce de théâtre qu'est la vie.

De plus, il n'est pas nécessaire de rechercher le vrai Maître dans les étoiles, sur les autres planètes ou sur les plans plus subtils. Tout ce que l'on peut percevoir, que ce soit du plus éthéré au plus dense, ne sont que des phénomènes qui apparaissent au sein de la Conscience que nous sommes. Ce n'est pas dans les formes éphémères qu'il faut rechercher notre véritable nature. Tout ce qui peut être perçu ou décrit, ce n'est pas Cela. Les sages, les autres mondes, aussi évolués qu'ils puissent être, sont eux-mêmes une expression de l'Absolu. Ils émergent en lui en tant que simples apparitions, comme tout le reste.

La Vérité est au-delà de tous ces objets, de toutes ces manifestations. Elle se situe en amont. En réalité ce n'est pas comme tel au-delà, car c'est juste ici, en Soi-même. C'est à zéro distance de nous. Il n'y a pas de kilomètres à parcourir. Il s'agit simplement de regarder ici et maintenant et de constater que nous ne sommes pas les objets, les pensées, les perceptions, le corps, les sensations ni les émotions. De ce fait, tous les phénomènes, même ceux qui sont très subtils, ne sont pas ce que nous sommes. Ainsi, pour dé-couvrir notre vraie nature, il suffit seulement de re-connaître ce qui demeure lorsque tout ce qui peut être perçu est mis de côté. On peut alors revenir à cette simplicité toute nue, sans objets, à Soi-même. Là réside la Paix, la Joie et l'Amour permanents.

Par conséquent, il n'est pas nécessaire de voyager en Inde ou ailleurs dans le monde pour trouver le maître qui va nous libérer de l'illusion. Ceux qui l'ont expérimenté ont pu observer que la Vérité est Une et la même partout. En fait, tous les sages disent la même chose. Cela ne peut pas en être autrement. Aussi, quand l'aspiration pour l'Éveil est sincère au cœur de l'être, la Vie nous amènera, au moment opportun, les enseignants appropriés pour notre cheminement. Lorsque l'élève sera prêt, tout fera en sorte de lui faire vivre les expériences nécessaires pour l'amener à la compréhension de qui il est vraiment. Quand le fruit sera rendu à maturité, il tombera. Il n'y a rien d'autre à faire. Rien à chercher de plus que Cela.

Le Maître en soi pourra prendre, bien entendu, différentes formes pour ramener le disciple à la maison. Ainsi, les enseignants peuvent être très aidants, très éclairants dans nos cheminements. Ils perçoivent des choses que bien souvent nous n'arrivons pas à voir par nous-mêmes. Leurs conseils peuvent être très précieux. Ils sont des accompagnateurs, des outils fabuleux sur le chemin de nombreux chercheurs. En effet, nous sommes toujours bien guidés sur notre parcours, autant dans le visible que dans l'invisible.

Néanmoins, le discernement sera toujours de mise face à ces sages qui ne font que pointer dans la direction de la Vérité qui est en nous. Lorsque leurs messages parlent directement à notre cœur, quand leur lumière nous semble limpide, claire, bienveillante, nous pouvons avoir confiance dans leurs indications. Ils sont source de pur Amour, comme nous-mêmes. Ici, de nouveau, c'est la Conscience qui, sous l'apparence de ces différentes formes, s'aide à se rappeler à elle-même. Tout sert dans le jeu dont le but ultime sera de se souvenir de qui nous sommes vraiment, de le réaliser pleinement.

Toutefois, notre plus grand guide sera toujours notre Soi qui est présent au cœur de nous-mêmes. C'est notre nature réelle, notre véritable Maître. On peut tout lui confier, tout lui demander. Il sait exactement quels sont nos besoins. Il nous accueille sans condition, car nous sommes sa création, son enfant. Nous pouvons nous abandonner et nous fondre en Lui, notre Être absolu, nous-mêmes. Lors de l'Éveil, c'est ce qui se passe. L'égo/mental se dissout dans le cœur et à ce moment-là, c'est l'Union parfaite. Il n'y a plus alors d'identification au corps et aux pensées, plus de confusion. La personne a disparu. Il ne reste plus que Soi, seulement Cela, en tout. Alors la Paix parfaite, la Joie, l'Amour peuvent être pleinement vécus au sein même de l'existence, ici, dans le maintenant intemporel.

# CHAPITRE 20

# Et la mort, qu'en est-il ?

Ce que l'être humain appelle la mort n'est, en réalité, que la dissolution du corps physique. Cette fin, en vérité, n'en est pas une, car au-delà de cette enveloppe charnelle, la Conscience vit et vivra éternellement. C'est ce que nous sommes avant l'émergence de toute forme. Cet Être, ce « Je Suis », ne peut pas être éliminé, même chez les personnes qui tentent de disparaître en commettant l'irréparable. Ce qui est éternel ne peut être détruit, ne peut être anéanti. Alors, la Vie est et demeurera toujours. Nous sommes l'existence, nous sommes l'Être permanent sous le déguisement qu'est cette forme corporelle.

Au fond, notre peur fondamentale dans la mort est celle de ne plus être conscient. C'est l'angoisse reliée au fait de perdre totalement cette conscience et ainsi de ne plus exister qui crée en nous ce malaise. Pourtant, cela est impossible. Puisque la Présence est notre nature réelle, comment pourrions-nous cesser de l'être ? Nous l'avons vu avec l'exercice qui consistait à tenter, ici maintenant, de ne pas être, de ne pas exister. Vous avez sûrement pu constater que même si on essaie, on ne peut pas ne pas être. On est à tout moment bien présent et au courant de ce qui se produit à l'intérieur et à l'extérieur de nous-mêmes, qu'on le veuille ou non. Ça ne peut pas en être autrement.

De plus, l'enfer tant redouté autrefois dans la religion n'a pas de réalité. Il est purement imaginaire, comme tous les autres scénarios. En fait, c'est ici même sur Terre qu'à certains moments, il peut être vécu lorsque l'individu vit dans l'angoisse et la peur. Ainsi, après la mort du corps physique, les autres corps (astral, causal…) demeurent. Ce sont eux qui continuent d'être le véhicule de la Conscience dans les mondes de Lumière. Sur ces plans, le rôle du personnage cesse, mais les croyances persistent. Il y a toujours un sujet, c'est-à-dire qu'on est encore convaincu d'être un moi individuel distinct du Tout.

Aussi, ces certitudes vont se réincarner, pourrait-on dire, dans le prochain rôle qui sera joué. Les traits de personnalité seront retrouvés dans la prochaine incarnation et pourront ainsi être transcendés. Ou bien, ce sera pour une vie ultérieure. Cela dépendra du scénario et de la maturité de l'âme au moment de son départ de cette Terre. En réalité, lors de ces nombreuses existences, ce sera toujours la Conscience qui jouera à cache-cache avec elle-même jusqu'au moment de se retrouver pleinement.

Sur les plans de l'après-vie, l'être est doté d'une sensibilité encore plus intense. Il n'est plus limité par la densité du corps physique. Selon son degré d'évolution, il peut créer tous les films qu'il veut, même ceux comprenant de l'angoisse et de la peur. En effet, ces scénarios empreints de lourdeur pourront se produire pendant un certain temps, puis, l'être se rendra compte que la pure Lumière existe et il créera alors d'autres scènes qui seront plus sereines et joyeuses.

Ainsi, l'âme continuera à vivre des expériences, à apprendre, à acquérir de la maturité sur ces plans plus subtils et ce, jusqu'à sa prochaine incarnation. Ce cycle de renaissances perdurera tant qu'il y aura croyance dans le monde relatif et dans la temporalité et aussi longtemps qu'il y aura des désirs à combler. Comme telles, les réincarnations se produiront tant que l'être ne se sera pas éveillé à sa vraie nature, car alors il sera réalisé que tous ces scénarios de naissance, de mort… et tous ces mondes de Lumière n'étaient pas de nature réelle, qu'ils n'étaient que rêvés, que pure illusion et rien de plus.

En somme, la difficulté de l'être humain est qu'il est identifié au corps/mental et c'est ce qui rend la mort si angoissante. Il croit être cet individu qui pense et ce corps qui bouge. Il est totalement convaincu de posséder cette identité. De plus, tout dans cette existence, c'est-à-dire les autres et son environnement, tendent à lui confirmer qu'il est cette personne vivant dans cette enveloppe charnelle. Cependant, il s'agit seulement d'une erreur de perception. Même d'un point de vue spirituel, il est souvent cru que la Conscience descend peu à peu dans cet organisme, dans cette matière. Mais en réalité, ce sont ce corps et toutes les formes qui apparaissent dans la Conscience. C'est tout à fait le contraire de ce qui est généralement pensé. De l'Absolu naît la Présence, le « Je Suis » et en lui, le monde manifesté émerge. Toutes les choses, expériences et phénomènes qui existent, surgissent dans cette Conscience vide de tout objet dont le potentiel créatif est infini.

Comme nous l'avons vu, ce corps qui nous semble bien solide et compact n'est composé seulement que d'énergie en mouvement, rien de plus. En fait, dans le vécu direct, nous ne faisons jamais l'expérience d'un corps tangible bien délimité avec des frontières précises. Si, par exemple, nous procédons à l'exercice de fermer les yeux et de chercher des contours à notre corps physique, sans faire référence à notre mémoire, nous n'en trouverons pas. Ce qui sera perçu, ce seront des sensations vibratoires dans un espace ouvert et vide. Si nous regardons encore de plus près, nous pourrons voir que ces vibrations sont les mêmes à l'intérieur et à l'extérieur de notre organisme. En réalité, il n'y a pas de différence entre le corps, le plancher, la chaise où on est assis, l'air que l'on respire… Tout dans l'Univers est constitué de cette même Conscience sans discontinuité. Il n'existe en effet que la même Présence partout.

Alors, du point de vue de Ce qui Est, il n'y a jamais de mort comme il n'y a jamais eu de naissance non plus. Notre Être véritable n'a jamais bougé, il est toujours demeuré inchangé. C'est l'incréé, le non-né. Ce sont les sensations énergétiques qui se produisent en lui qui semblent donner cette apparence de densité dans les formes manifestées. Ainsi, tout n'est que mouvements de la Vie. Rien ne meurt jamais.

Lors de la dissolution du corps physique dans ce monde matériel, toute cette énergie retourne à son état de pure Lumière, dans la Présence « Je Suis ». C'est tout. Ce qui est anéanti en apparence, c'est simplement ce qui est impermanent dans l'existence. Si on tourne son regard vers ce qui en soi est permanent, rien ne s'éteindra jamais. L'écran de cinéma ne disparaît pas à la fin du film. Il reste là et demeure intact, intouché. C'est la même chose avec ce que l'on Est vraiment. Ça ne peut pas mourir. C'est la Conscience éternelle sans début ni fin.

Nous pouvons aussi constater que l'attachement au corps, aux objets et phénomènes dans le monde matériel vient avec son lot de souffrances. De plus en plus, avec la maturité grandissante de l'âme, le détachement se fera, car l'illusion de ce monde sera vue pour ce qu'elle est réellement. Dans cet Univers où tout passe, où rien ne dure, le retour à ce qui est permanent en Soi est la voie ultime vers la Paix et le bonheur durables.

# CHAPITRE 21

# Pourquoi est-ce si difficile de s'éveiller ?

Il est vrai que dans ce monde relatif, il semble difficile de s'éveiller. De fait, ceux qui ont réalisé leur vraie nature ont, en général, suivi des chemins longs et plutôt exigeants, même si ce n'est pas le cas pour tous. La recherche a été pour la plupart vraiment intense. Ce feu brûlant pour la libération, ressenti dans le cœur, est ce qui a permis au chercheur de maintenir sa quête active. Sans ce désir ardent, la majorité aurait abandonné ou remis à plus tard. C'est ce qui se produit depuis des vies pour d'innombrables personnes. En effet, les humains ont bien aimé dormir. Le sommeil leur a semblé plus sécurisant et confortable que le questionnement quant à leur nature réelle.

Il faut dire cependant que pour ceux qui recherchent l'Éveil, la confrontation avec leurs propres croyances et leurs habitudes d'identification à la forme n'est pas toujours de tout repos. C'est un chemin qui demande souvent beaucoup de persistance, de détermination et de courage. Ce n'est pas un parcours pour les tièdes. Les sages disent que lorsque l'on demande beaucoup, on reçoit beaucoup. L'aspiration du cœur doit être vraiment sincère et un feu ardent doit être présent en nous pour accepter, à un moment donné, de tout lâcher.

Il faut être prêt à mourir à tout ce que l'on a cru être. Le mental, quant à lui, trouvera cela vraiment insensé de tout abandonner ainsi et de se rendre. Il sera complètement perdu, surtout que le monde dans lequel il évolue continuera à lui faire croire qu'il se trompe en abandonnant tout de cette façon. Mais, à force de s'ancrer dans la Vérité, le mental finira par abdiquer et il se fondra dans le cœur. Il deviendra alors un ami précieux dans la vie de tous les jours. Il jouera son rôle pour nous permettre de fonctionner sur ce plan et tout sera à sa juste place.

Ainsi, ce qui rend l'Éveil ardu chez l'être humain, c'est qu'il aime bien rêvasser et se faire accroire que tout va bien. Le changement lui fait peur. Même si la souffrance est présente dans sa vie, à cause de son identification à cet organisme corps/mental, il préfère continuer à se leurrer, car il se sent plus à l'aise dans ses anciennes habitudes. C'est comme nos vieilles pantoufles, on s'y sent si confortable, car c'est du connu. Et le personnage, lui, ce qu'il souhaite, c'est de perdurer. L'égo désire jouer encore et encore une multitude de scénarios. L'intensité des émotions qu'il vit, même si elles sont désagréables par moments, le font se sentir vivant. Il ne veut surtout pas mourir. Pour cela, il faut éviter qu'il soit mis à découvert. Il ne faut pas que la Conscience, ce que nous sommes vraiment, amène sa lumière sur lui parce qu'ainsi il sera démasqué. Il cessera alors d'être puisqu'il sera vu comme étant illusoire.

Par conséquent, l'égo/mental va essayer de nous persuader, au cours de notre vie, de la véracité de toutes sortes de fausses idées souvent cocasses ou même saugrenues à propos de nous-mêmes et de notre identité véritable. Il va nous emmener en bateau et, au début, il sera difficile de ne pas le croire. Mais plus on restera dans la Présence consciente, plus notre discernement et notre vision seront aiguisés. Ainsi, on en arrivera à voir clair dans son jeu et sa non-existence sera finalement constatée. Ce qu'on nomme l'Éveil, c'est quand il est vu que la personne n'est pas réelle, qu'au fond, elle n'a jamais existé. Que ce qui se produit n'est que le mouvement de la Vie et rien de plus, sans moi séparé, sans auteur. Qu'il n'y a toujours eu que Ce qui Est s'exprimant en tant que cette danse de la création sans un sujet à part qui soit le danseur.

Aussi, il y a cette force d'attraction à la matérialité qui tire l'être humain vers l'irréel, vers ce qui n'est pas permanent dans cette expérience de la forme. Cette attirance se manifeste par le fait d'être continuellement happé par les pensées, les sensations, les émotions et les perceptions de ce monde. Notre attention est ainsi toujours focalisée sur ces phénomènes. Elle se projette constamment vers l'extérieur de l'être. Il suffit, par exemple, d'allumer un téléviseur dans une pièce pour constater que toutes les personnes présentes vont tourner leur regard vers l'écran. Tout bruit, toute image ou perception attire le mental.

Par conséquent, comme il y a toujours cette tension vers les objets, l'être humain ne regarde jamais du côté de ce qui est le témoin de ces manifestations. C'est là pourtant que sa vraie nature se situe, dans ce qui perçoit tout ce qui se produit en lui et autour de lui. Cette concentration continuelle sur les formes ont pour conséquence qu'on se retrouve toujours pris dans le rêve de l'existence sans jamais se questionner sur ce qui peut bien rêver tout ça. En réalité, comme notre être véritable est le Rien et le Tout, nous sommes autant le rêveur que ce qui est rêvé. Comme on l'a vu, il n'y a pas de séparation. Tout est le même Soi.

Cependant, le voile qui semble nous recouvrir et nous emprisonner dans ce monde des apparences finira un jour ou l'autre par s'user. À force de regarder du côté du rêveur qu'est la Conscience qui produit ces images oniriques, cet apparent voilage s'amincira jusqu'à ce qu'il s'efface totalement. Alors, le dormeur s'éveillera.

De plus, il y a certains éléments qui semblent aussi nous maintenir dans l'ignorance de qui nous sommes réellement. Il suffit de regarder par exemple comment les gens sont hypnotisés à notre époque par la technologie. Pensons seulement au téléphone cellulaire et à la façon dont les individus sont attachés, rivés à leurs écrans. Toutes ces habitudes, dans nos sociétés, nous coupent de plus en plus de notre Être véritable et accentuent notre sentiment d'individualité et de séparation d'avec l'Un.

Toutefois, plus cette sensation d'incomplétude et la souffrance qui y est associée seront ressenties et plus il y aura besoin de chercher ailleurs, c'est-à-dire en Soi, la Paix durable. Il ne faut pas s'en faire, car cela fait partie du scénario du film de l'existence. En fait, c'est encore une fois la Conscience qui joue à être limitée, mais c'est seulement un jeu, une illusion, car elle ne l'est pas et ne l'a jamais été. Elle est totalement libre, ouverte, sans entraves, infinie. Il suffit de se souvenir de Ce que l'on est pour goûter dans notre quotidien cette liberté à chaque instant. Elle est disponible en nous maintenant.

Ainsi, cette impression qu'il est difficile de s'éveiller, que ça prendra des vies et des vies est complètement illusoire. Elle n'est pas réelle, c'est seulement une pensée crue, une idée bien ancrée. On croit que l'on n'est pas réalisé, mais, contrairement aux apparences, il n'y a que la Conscience totalement Éveillée partout et en chacun. C'est ce que nous sommes vraiment. Les sages disent qu'il suffit seulement d'accepter que nous le sommes déjà. En vérité, dans ce monde tout est accompli depuis toujours, mais très peu le savent. La Conscience pure et illimitée s'exprime déjà à travers chaque forme à chaque instant. Quand le filtre du mental disparaît, elle se révèle. La Vie peut alors être goûtée pleinement dans toutes ses expressions.

# CHAPITRE 22

# Les thérapies sont-elles nécessaires pour réaliser notre Être véritable ?

Comme je l'ai mentionné précédemment, j'ai moi-même, pendant plusieurs années, emprunté ce chemin du travail sur soi par le biais de la psychothérapie. Ce voyage intérieur m'a permis d'accéder à un mieux-être dans ma vie personnelle. Ce processus de libération émotionnelle fut ce que mon personnage avait apparemment à expérimenter dans cette présente incarnation. On pourrait dire que c'est la conscience qui s'est exprimée de cette façon à travers cet organisme corps/mental et que c'est simplement ce qui s'est produit spontanément dans le scénario de mon existence à ce moment.

Aujourd'hui, je regarde ce chemin emprunté à partir de cette Présence consciente et je constate que bien qu'il fût en tous points parfait pour moi, il est clair que ce périple n'est pas nécessaire pour tous. C'est une voie comme une autre qui est appropriée quand on s'y sent appelée, mais je suis convaincue maintenant qu'elle n'est pas obligatoire pour s'éveiller. Toutefois, lorsqu'on est trop encombré, un élagage peut rendre notre parcours plus fluide et plus facile. Cependant ici, je ne dis pas qu'il ne faut pas consulter lorsque l'on vit un problème de santé mentale, bien au contraire. C'est comme pour la santé physique, lorsqu'on rencontre des difficultés, on prend soin de soi, c'est essentiel.

Mais, mis à part ces problématiques psychologiques réelles qui peuvent générer beaucoup de souffrances, c'est le personnage qui pense qu'il doit entreprendre toutes sortes de thérapies pour pouvoir s'améliorer. Il cherche par ce moyen à devenir un meilleur individu. Il y a en lui la croyance qu'en travaillant sur ses blessures, il évoluera. De cette façon, il désire atteindre un état autre qui, pense-t-il, lui conférera une paix et un bonheur permanents. Il se projette continuellement dans le futur. Plus tard, il deviendra un parfait être humain. Ici, c'est encore l'égo qui veut faire, qui veut accomplir, qui veut s'améliorer. Cela fait partie du rôle que le moi fictif s'imagine devoir exercer. Néanmoins, sous ce désir noble de se perfectionner, peut encore se profiler un besoin d'être aimé ou reconnu.

Ainsi, la personne croit que, une fois débarrassée de toutes ses émotions refoulées, elle ne vivra plus de souffrances. Il est vrai que la thérapie peut apporter un certain bien-être, mais la vie amènera toujours toutes sortes d'autres situations où il y aura de la douleur psycho-émotionnelle. Il n'y a pas de fin à l'évolution dans cet Univers manifesté. Par conséquent, le salut ne se trouve pas dans des années et des années de travail sur soi. Nous n'avons pas à devenir quelqu'un d'autre ou de mieux. Nous sommes déjà parfaits tels que nous sommes maintenant.

Il n'est donc pas nécessaire de retourner dans nos histoires du passé pour tout guérir. Oui, ces expériences ont apparemment été vécues, mais nous ne sommes pas cela. Nous ne sommes pas nos malaises ou nos scénarios de vie. De retourner encore et encore dans nos drames personnels ne fait que les nourrir, leur donner davantage de réalité et les maintenir en vie. Au fond, c'est parce qu'on croit fermement que les blessures et la souffrance sont réelles et que l'on focalise sur elles qu'elles continuent d'exister et de prendre de l'expansion.

Cela ne veut pas dire non plus de nier notre vécu émotif. Comme tel, tout doit être vu et ressenti, mais ici, maintenant. Ainsi, on voit les émotions, on les accueille, on les vit sans faire référence à l'histoire, sans y mettre de titre ni de sous-titres, sans même les nommer. On regarde ce qui est là, on le goûte et on le laisse nous traverser. Tout est bon à vivre, la peine, la colère, la résistance, le doute autant que la joie, le bien-être ou le bonheur. Par toutes ces manifestations, la Conscience se regarde, s'expérimente et se savoure pleinement. Il n'y a rien à enlever, car tout est l'expression de notre nature réelle. Tout ce qui apparaît dans la Présence est Soi-même et par conséquent, est parfaitement adapté pour chacun d'entre nous.

Aussi, tant que l'on va croire à notre histoire, qu'on va sans cesse ressasser le passé, retourner dans nos expériences douloureuses, elles continueront de vivre en nous. Toute notre existence se manifeste à partir de notre système de croyances. De plus, aussi longtemps qu'on s'identifiera à la souffrance de ce moi illusoire, on ne pourra pas trouver la Paix durable. En réalité, ce n'est pas là qu'elle se situe. Cette Paix est notre essence véritable et c'est en elle que le personnage et la trame de sa vie apparaissent. Ce que l'on est vraiment est antérieur au film. Ce dont il faut se souvenir, c'est de notre nature profonde, de Ce que l'on est en amont des évènements que nous avons vécus.

Alors, il n'y aura pas de meilleur état à atteindre dans le futur. Tout est là, maintenant. Il n'est donc pas nécessaire de déployer autant d'efforts pour parfaire cette personne fictive que nous n'avons jamais été en réalité. Nous sommes déjà la perfection, sans aucun manque ni rien à améliorer. Dans l'expérience directe, cela peut être constaté en regardant en soi et en se demandant qui veut se transformer, qui ne veut plus souffrir et même en essayant de trouver en nous celui ou celle qui souffre. Si vous regardez bien, vous ne le (la) trouverez pas. Tout ce qu'il y a, ce sont des pensées et des sensations qui émergent ainsi qu'un discours mental qui crée des récits douloureux que nous croyons réels. En effet, ces émotions ne font qu'apparaître en nous, puis s'en vont. Elles surgissent, jouent leur rôle et disparaissent. Si on les laisse vivre et nous traverser sans résistance, elles passeront comme les nuages dans le ciel.

Les émotions naissent toujours d'une pensée qui est crue vraie. Si on voit que ce ne sont que des ondulations de la Vie qui sont comme des vagues sur un océan, il y aura moins d'identification à la douleur psycho-émotionnelle du personnage. C'est en cela que se trouve le bien-être souhaité. Pour la Conscience, la souffrance n'est pas un problème. Sa transcendance ne se fait pas par son arrêt dans le temps, mais par la vision qu'elle n'est pas dense, qu'elle n'est qu'un mouvement énergétique passager constitué d'idées et de sensations. Il faut toutefois aller dans sa densité pour constater qu'elle n'en possède aucune.

Alors, la souffrance, comme toute expression du Soi, a le droit d'être. Ainsi, à moins que notre mental génère beaucoup de malaises et qu'il nécessite des soins, il n'est pas nécessaire de le changer ou de vouloir le perfectionner. Cela ne vous conduira pas à l'Éveil, si c'est vraiment ce qui anime votre quête. Car tout dépend, bien sûr, de ce que vous cherchez. Si ce que vous voulez, c'est un mieux-être pour vivre plus facilement dans ce monde, les thérapies peuvent vous être utiles, mais pour réaliser votre vraie nature, cela ne vous aidera pas.

La voie directe pour s'éveiller passe plutôt par l'investigation du Soi et par la constatation qu'il n'y a jamais eu d'individu séparé, souffrant ou non. Que nous ne sommes pas ce corps et ce mental ni son histoire, mais la Conscience en laquelle ils apparaissent et qui les contemple. C'est de ce côté qu'il faut tourner notre regard pour se libérer de la souffrance, si c'est ce que l'on désire vraiment. Mais il n'y a pas à s'en faire, tout est parfait, il n'y a rien de grave, car tout n'est que ce qui arrive dans l'instant. Quand rien n'est refusé, quand on se laisse couler dans la danse de la Vie, tout est bien. Il n'y a plus rien à faire, pas de travail sur soi, pas de recherche de quoi que ce soit d'autre que Ce qui Est ici et maintenant. C'est dans cette détente que la Paix durable peut se vivre.

# CHAPITRE 23

# Comment parvenir à l'Éveil ?

Disons premièrement qu'on ne peut pas, en tant que personne, trouver l'Éveil. En vérité, c'est lui qui nous trouvera. Qu'on le veuille ou non, quand le moment sera venu, cela arrivera. Il y en a pour qui le chemin sera plus long, c'est, comme nous l'avons vu, ce qu'on appelle l'Éveil graduel. C'est le cas pour la grande majorité des individus. Pour d'autres, cela se fera rapidement et c'est souvent vécu à ce moment comme étant plutôt déstabilisant. Quand le sol disparaît sous vos pieds, ce n'est pas toujours évident. Mais que ce soit graduel ou spontané, c'est vraiment ce que nous cherchons depuis toujours au travers de toutes nos incarnations.

Ainsi, le but ultime de ce jeu divin est de se re-trouver, de se rappeler de ce que nous sommes réellement. Lorsque cela se produit, ce que nous éprouvons est comparable à la joie que l'on ressent lorsqu'on déballe un cadeau et qu'on découvre ce qui se cache sous l'emballage. Par conséquent, la Réalisation du Soi serait plus appréciée et davantage goûtée lorsque voilée d'abord. Pourtant, paradoxalement, comme on n'a jamais cessé d'être l'Absolu qui est notre vraie nature, il n'y a comme tel jamais rien eu à dé-couvrir. Cela fait simplement partie du jeu de cache-cache que le Soi joue avec lui-même. Donc, le cadeau est dans le lever de l'apparent voile que la Conscience semble avoir déposé sur elle-même. La Joie est dans le fait de se re-trouver, même si on ne s'est jamais perdu. En fait, on ne s'est pas quitté, même pendant une fraction de seconde. Cependant, cela va nécessiter en général un certain temps pour que ça puisse être réalisé pleinement.

D'ailleurs, comme la personne qui veut trouver la libération n'existe pas, qu'elle n'est qu'une idée ajoutée à Soi-même, elle ne peut rien faire pour s'éveiller. En effet, elle est totalement impuissante à trouver quoi que ce soit puisqu'elle n'a pas de réalité. Alors, il est inutile de chercher à partir du personnage. C'est seulement le mouvement de la Vie qui créera l'appel vers le Soi et qui déploiera tous les scénarios nécessaires pour nous ramener à l'Être sans limites que nous sommes. Il ne faut donc pas se casser la tête avec cette question du comment faire, mais laisser tout se produire de soi-même. Cela se fera. Toutefois, cet abandon de la recherche ne veut pas dire de demeurer inactif. Cela signifie seulement de laisser l'intelligence de la Vie agir à chaque instant sans désirer rien d'autre que Ce qui Est, comme c'est.

Aussi, en tant qu'individu, de ne pas se mettre en travers du chemin est sûrement le premier pas vers l'Éveil. Comme on l'a vu, ce lâcher prise inclut aussi la mort du chercheur spirituel. En définitive, la seule chose à conserver sur le parcours est l'aspiration sincère de l'être pour s'éveiller. L'égo, qui veut accomplir et faire, devra, quant à lui, être abandonné pour que le Soi se révèle. L'essentiel est donc de laisser le courant de la Vie s'écouler tout en suivant nos élans naturels et en allant vers ce qui nous inspire et nous fait profondément vibrer. En réalité, on ne peut rien faire de plus. Par conséquent, il n'y a plus à rechercher un but pour y arriver, un désir d'autre chose de mieux, pas d'ailleurs ni de plus tard…

Pourtant, et c'est de nouveau un paradoxe, même si l'Éveil ne peut pas être provoqué par une discipline spirituelle parce que nous sommes déjà le Soi, des pratiques existent et peuvent nous conduire à des ouvertures de conscience et à une compréhension plus profonde de la Vérité. Ces différentes procédures favoriseront l'usure de l'apparent voile qui semble nous séparer de l'Absolu que nous sommes réellement depuis toujours. Cela peut paraître totalement aberrant pour le mental, mais encore une fois, il n'a pas la capacité de comprendre ce qui est insaisissable.

Au fond, l'idéal serait d'entendre et de réaliser à l'instant que nous sommes déjà Cela. Mais comme malgré nous, nous n'arrivons pas à croire que nous sommes déjà éveillés, nous allons créer un chemin où à la fin, il sera vu qu'en effet nous avons toujours été le Soi qui n'a jamais bougé ni changé. Donc, nous avons effectué tout ce voyage pour revenir à Ça. Mais c'est de cette façon que la Conscience s'exprime et en fin de compte, tout est bien parfait ainsi.

Toutefois, pour que ce changement de perspective sur qui l'on Est puisse vraiment s'opérer, il sera nécessaire de tourner notre regard vers l'intérieur. Ainsi, on évitera de se laisser happer par tous les bruits et stimulations du quotidien. Cela pourra se faire en prenant au moins quelques instants par jour pour aller à la rencontre de Soi. Différents moyens pourront être utilisés pour faciliter ce processus et cesser de focaliser sur nos pensées et nos histoires afin de demeurer dans l'ici et maintenant. De cette façon, il sera possible de retourner notre attention vers la Conscience témoin qui perçoit le corps/mental ainsi que toutes ses expériences et de goûter notre Présence, le « Je Suis ».

Pour ceux qui ressentent cet appel, il existe différents moyens d'investigation très utiles pour sortir du mental et découvrir notre nature véritable. L'un d'entre eux est la méditation. C'est celui qui a été pour moi le plus efficace. Je pratique la méditation depuis plus de 35 ans, car elle me permet de plonger directement à la source de mon Être. De plus, cette méthode apporte beaucoup de Joie, de bien-être, de calme et de clarté à l'individu qui l'utilise. Elle lui permet aussi de vivre plus sereinement et harmonieusement dans ce monde.

Il existe plusieurs techniques méditatives où l'attention est dirigée vers un objet tel que la respiration, des sons, un mantra ou un espace vide… Le but étant de ne pas focaliser sur les pensées, les sensations et les perceptions reliées au monde extérieur, mais de ramener notre regard vers sa Source, le Soi. De plus, cela ne demande aucun effort. C'est comme pour un élastique qui est étiré et que l'on détend.

Lorsque ce relâchement de l'attention se produit, la Conscience est dévoilée et notre nature réelle se révèle.

Donc, le but premier de la méditation est de retrouver notre état naturel de Présence et d'y demeurer consciemment. Cependant, durant la pratique, le mouvement des pensées va continuer à se produire, c'est inévitable. L'exercice consiste à ne rien en faire, à prendre la position de témoin et à y revenir à chaque fois que l'on recommence à suivre le mental.

Ainsi, cette méthode nous permettra de commencer à percevoir ce qu'on appelle le « Je Suis » ou l'observateur. En demeurant en tant que ce témoin, on pourra observer nos pensées, nos sensations et perceptions. On verra qu'elles apparaissent, puis disparaissent en nous qui sommes déjà là, déjà présents. Il sera alors possible de constater que ce que nous sommes vraiment est immobile, immuable et que tous ces phénomènes surgissent en Soi dans cet espace de tranquillité. C'est comme dans la métaphore de l'écran de cinéma. Les images du film bougent, mais pas la toile sur laquelle elles sont projetées. L'étape d'ensuite consistera en la découverte que même cet observateur est perçu. Il y a, en effet, Conscience du témoin. Cette connaissance pure n'est pas une personne, c'est le Soi impersonnel. C'est l'Absolu vide d'objets, de phénomènes et de concepts qui connaît le « Je Suis » et toute la manifestation.

Aussi, lorsque la Conscience redeviendra consciente d'elle-même, dans ce monde relatif, le Soi se révèlera. Par la contemplation méditative, tout ce qui n'est pas nous-mêmes sera graduellement dissout jusqu'à ce qu'un jour le voile qui semblait nous séparer de ce que nous sommes véritablement, l'Absolu, disparaisse complètement. En fin de compte, il sera réalisé qu'il n'y a jamais eu de voile, que c'était seulement une illusion. À aucun moment nous n'avons cessé d'être Ce que l'on est depuis toujours. De plus, cette méthode va purifier le mental et nous permettre de découvrir ce calme et ce silence intérieur qui est la Joie sans cause, le bonheur durable. Ainsi, le mental, à force d'être peu à peu plongé dans la Paix de la Présence, va finir par s'y sentir en sécurité et un jour, il va s'y fondre. Alors, tout sera accompli.

Une autre méthode très efficace pour faciliter le retour au Soi est de reprendre la posture d'observateur dès qu'on se rend compte qu'on s'identifie à cet organisme corps/mental et à son histoire. Il s'agit ici de revenir encore et encore à cette Présence qui est consciente de tout ce qui se produit dans notre existence. Dès que les mouvements apparaissent, telles que les pensées, sensations et perceptions, on peut les constater et de ce fait, se rendre compte qu'elles ne sont pas ce que nous sommes fondamentalement.

En réalité, tout ce qu'on peut observer, décrire ou expérimenter est une expression de notre Soi et n'est pas ce que nous sommes vraiment. Prenons l'exemple de ce livre que vous tenez entre vos mains. Puisque vous pouvez le voir, il est évident alors que cet objet n'est pas vous-mêmes. Ainsi, aussi souvent que cela nous vient à l'esprit, on peut revenir à cette Conscience témoin et se rappeler que c'est Cela que nous sommes réellement. Cette pratique créera une distance entre ce qui est perçu et ce qui observe et diminuera la confusion qui fait que l'on croit être ce corps/mental. Cela évitera également que l'on soit continuellement happé par les phénomènes qui se présentent, oubliant ainsi notre vraie nature.

Alors, en se positionnant au niveau de la Présence, il est possible de vaquer à nos activités de la vie quotidienne tout en demeurant l'observateur tranquille du corps qui se meut par lui-même et des pensées qui apparaissent de façon spontanée dans notre esprit. Il est possible aussi de noter que ce témoin n'est jamais affecté, altéré ou terni par ce qui est observé. Notre Être réel demeure toujours libre, ouvert et tranquille, quels que soient les événements qui surviennent dans notre existence. Par conséquent, la Paix peut être trouvée au cœur même des expériences de notre vie de tous les jours.

Toutefois, cette approche peut donner l'impression d'une séparation même si dans les faits, il n'y en a aucune entre la manifestation, la Présence qui observe et le Soi car il n'y a rien d'autre que Ce qui est. Mais, il faut bien employer des mots, même s'ils sont tous duels. En réalité, comme tout est Un, il n'y a pas vraiment de sujet percevant et de perçu dans la Conscience absolue. En fait, cette dernière ne peut se différencier d'avec quoi que ce soit qui est vu puisque tout est elle-même. Ainsi, même si ce mode d'investigation semble créer une illusion de division, il est fort utile sur le chemin du retour à la maison, car il nous pointe la bonne direction à emprunter.

Aussi, un des grands sages de l'Inde, Sri Nisargadatta Maharaj, disait qu'il s'était éveillé en suivant les conseils de son Maître qui lui demandait de revenir le plus souvent possible à « Je Suis ». Il révéla que c'est ce qu'il faisait dès qu'il avait un petit moment de libre. Il retournait constamment à cette Présence témoin, ce « Je Suis » et au bout de trois ans, il a réalisé le Soi. C'est donc une façon très efficace de commencer à s'éveiller en ramenant son attention à « Je Suis » aussi souvent que possible et en y demeurant, en s'y fondant. Cependant, même si le fait de rester dans cette Présence consciente apporte beaucoup de joie et de paix à cet organisme corps/mental, ce n'est pas encore la Réalisation. Le Soi ne s'est pas encore révélé pleinement à lui-même. Néanmoins, cette méthode amènera graduellement le pratiquant à la re-connaissance de son Être véritable.

Il existe aussi une voie très directe et rapide d'accès à notre vraie nature. Elle s'appelle l'investigation du Soi. Elle existait déjà dans les écritures védiques anciennes, mais c'est Ramana Maharshi qui l'a actualisée et partagée au milieu du XX$^e$ siècle. Il fut probablement le plus grand sage de son époque. Le point central de cette pratique est la question « Qui suis-je ? » Le but n'est pas d'y répondre mentalement, mais plutôt de plonger à la source du Je et de s'y dissoudre.

Le Je ou « Je Suis » est la pensée primaire qui est la racine de toutes les autres pensées et de ce monde manifesté. Cette pratique consiste donc à se poser la question « Qui suis-je ? » et à se concentrer sur ce Je en essayant de trouver d'où il émerge. Lorsque cela est exécuté, le Je finit par disparaître et il ne demeure plus que le Soi. Au fond, comme le pointent certains enseignants, là où la question disparaît, c'est là où notre nature réelle se situe. C'est Cela que l'on Est en permanence. Ensuite, l'invitation est de rester là, tranquille, sans agripper quelconque mouvement qui se présente, que ce soit une pensée, une sensation ou une perception.

Évidemment, l'attention reviendra rapidement au début vers le mental, car les pensées et les phénomènes continueront à se produire. La façon de procéder ici est de ne pas se préoccuper de ces surgissements et de demeurer calmement en Soi. Il ne faut pas s'inquiéter, cela deviendra de plus en plus facile avec le temps et Ce qui Est se révèlera peu à peu. Ainsi, tout ce qui n'est pas réellement nous-mêmes sera graduellement dissout par ce travail.

Cette méthode inclut aussi un questionnement constant sur le Je. Lorsque les gens posaient des questions à Ramana Maharshi, il les ramenait toujours à la source de ce Je. Il leur demandait par exemple : «Qui pose la question ?», «Qui pense cela ?», «Qui voit cela ?», «D'où émerge ce Je ?» … Si on ne répond pas mentalement et qu'on laisse le temps à ces interrogations de nous conduire vers cette connaissance intuitive, ce su direct de Ce que nous sommes vraiment, la seule réponse devrait être le silence. Celui-ci nous révèlera notre Présence. Ainsi, cette investigation du : «Qui est ce Je ?» et quelle en est sa source, amènera graduellement les chercheurs à s'établir dans l'Ultime Je qui est le Soi absolu, notre vraie nature.

# CHAPITRE 24

# Autres pratiques pour la Réalisation du Soi

L'investigation du Soi peut également se faire par d'autres procédés. Je vous en partage quelques-uns qui me furent très utiles sur mon propre parcours de recherche de l'Ultime Réalité. On peut se servir de ces exercices à tout moment dans la vie de tous les jours, aussi souvent que l'on en ressent l'élan. De plus, lorsqu'elles sont pratiquées en méditation, ces méthodes sont particulièrement efficaces. Elles peuvent être des outils puissants qui, lorsqu'utilisés de façon répétée, finissent graduellement par dissoudre le voile de l'illusion qui semble nous séparer de notre Être véritable.

Un de ces moyens est, comme on l'a vu, lorsque l'on s'interroge en se demandant : « Est-ce que je peux ne pas être ? » On arrive alors à la constatation que cela n'est pas possible. Nous ne pouvons pas arrêter d'exister. Nous sommes cette Présence, ce « Je Suis » qui est toujours là. La réponse n'est pas une connaissance mentale, mais elle provient d'un vécu direct. C'est comme un goût. C'est la Conscience qui regarde en elle-même et sait qu'elle Est.

De nouveau, comme rien n'est séparé, le *Je* que « Je Suis » et le *Je* qui est conscient du « Je Suis » sont une seule et même chose et c'est ce que nous sommes. Il n'y a pas deux Consciences, c'est la même et il n'y a rien d'autre à part elle. Par conséquent, l'investigation est un outil très efficace qui nous permet, par une régression du je personnel vers le « Je Suis », de revenir à la Pure Conscience. Cette méthode de retour à Soi, qui est ainsi divisée en quelques étapes, est une concession faite par les sages par compassion aux êtres humains qui n'arrivaient pas à croire d'emblée qu'ils étaient déjà le Soi réalisé.

Certains Éveillés partagent aussi cette pratique très rapide et efficace pour accéder à Ce qui Est, notre vraie nature. Elle consiste à se poser la question suivante : « Suis-je conscient ? » En effectuant cet exercice, prenez le temps de ressentir le fait que oui, vous l'êtes. Si cela n'est pas clair, voyez qu'en effet, vous êtes conscient en ce moment de lire ce livre, de la position de votre corps, d'un bruit qui se fait entendre… Donc c'est évident, vous êtes conscient et de plus vous le savez puisque vous avez répondu oui.

La deuxième question sur laquelle s'interroger est : « Qu'est-ce qui sait que je suis conscient ? » Ne répondez pas mentalement, mais regardez en vous-mêmes dans l'expérience directe Ce qui sait cela. Vous verrez qu'arrivé à ce point, le mental s'arrête. À ce non-endroit, il n'y a plus de mots. On ne peut plus rien en dire. On constate qu'il y a là quelque chose d'inexprimable qui est tranquille et silencieux. C'est ça votre Soi réel, c'est Ce qui est Conscient d'être conscient(e). Demeurez en tant que Cela. Bien sûr, le mental va repartir à nouveau dans des pensées, c'est normal. Dès que vous vous en rendez compte, revenez encore et encore à la première question. Cette technique très directe est une méthode fort utile qui va dissoudre rapidement tout ce qui n'est pas réellement vous-mêmes.

D'autres interrogations sont aussi de bons moyens pour nous ramener à la Source de notre Être telles que de se demander dans n'importe quelle situation dont nous faisons l'expérience : « Qu'est-ce qui voit ? » ou « Qu'est-ce qui perçoit ? » Cela peut être utilisé avec toutes les sensations du corps, les émotions, les pensées ou toute perception. Il est alors possible, par un savoir direct, de constater que nous ne sommes pas ces phénomènes, mais bien ce qui les perçoit.

La question : « D'où surgit telle manifestation ? » est aussi une excellente façon de revenir à la Présence. Si vous vous demandez, par exemple, en ce moment : « D'où émergent les pensées ? », sans répondre mentalement ou faire référence à la mémoire, vous arriverez au « Je Suis ». Peut-être que la réponse : « Je ne sais pas », apparaîtra. Si c'est le cas, c'est parfait. C'est la vérité, on ne sait pas. Ensuite, laissez ce « Je ne sais pas », mettez-le de côté et regardez ce qui reste. Votre Être véritable pourra, par cette investigation, être de nouveau dé-voilé. Demeurez alors dans cet espace tranquille et goûtez-le. Cela est vous-mêmes. Cette pratique vous confirmera que vous êtes la Conscience et non pas les objets et les phénomènes. Ceux-ci ne font qu'apparaître en vous, ils ne sont pas ce que vous Êtes vraiment.

Les sages proposent aussi un moyen puissant pour revenir au Soi. Il s'agit de tout abandonner, de tout lâcher pour un moment, sans s'inquiéter, car après l'exercice, tout pourra être repris. Alors, on laisse tout tomber, les pensées, les désirs, la recherche, le passé, les projections futures, les émotions, les sensations, la mémoire etc… Tout. On abandonne même la personne qui abandonne. Et on regarde ce qui demeure. De cette façon, la Présence spacieuse et paisible que vous êtes peut se révéler. Le mental pourra ressentir encore ici une impression de vide, de rien. C'est parce qu'il n'a pas accès à ce qui le précède, à ce qui l'a créé. Sa compréhension est limitée aux objets et phénomènes de ce monde relatif. Alors, on ne s'accroche pas à cette pensée de vide. On n'atterrit nulle part. On reste simplement tranquille là où en réalité on Est depuis toujours.

Il ne s'agit pas, encore ici, d'une compréhension intellectuelle, mais d'une perception directe de la Vérité, de Ce que l'on est. Ce n'est pas dans l'impermanence que la Paix sera trouvée, mais dans ce qui est stable, ce qui ne change pas. Le problème qui nous empêche de goûter pleinement cette Paix, qui est notre état naturel, c'est notre identification continuelle au mental et à ce qui fluctue dans l'expérience, et non à ce qui est permanent et immobile.

Ce qui est immuable, c'est la Conscience. Celle-ci demeure toujours la même malgré toutes nos expériences de vie changeantes. C'est elle qui voit tout ce qui apparaît dans le jeu de l'existence. En lâchant tout, il ne restera que Cela, la Conscience vide d'objets qui connaît toute chose. À ce moment, c'est la tranquillité, le calme, la Paix durable qui seront goûtés. Pas un goût comme une perception sensorielle, mais en tant qu'un vécu immédiat. Et il n'y a là personne pour en être le témoin, il n'y a que le Soi impersonnel qui Est.

Il existe aussi des méthodes très intéressantes et concrètes pour accéder à la connaissance de notre Être véritable. L'une d'entre elles, que j'ai bien aimé pratiquer durant mon propre cheminement, est celle de la Vision sans tête de Douglas Harding. Celui-ci a développé des outils pour nous permettre de nous éveiller à notre vraie nature. Il s'agit, comme tel, d'un retournement à 180° de l'attention vers ce qui perçoit les objets et les phénomènes. Par des exercices, on est amené à reconnaître ce que nous sommes vraiment. Quelques enseignants spirituels partagent cette voie sur différentes plateformes.

Un autre moyen de se rappeler à Soi-même est de suivre les indications des sages. Plusieurs personnes s'éveillent à notre époque et ils en témoignent. Ils nous guident vers la compréhension profonde de Ce que l'on est réellement. Lorsque leurs enseignements cessent d'être seulement de nouvelles croyances et qu'ils sont confirmés en nous-mêmes par la contemplation ou la méditation, ils peuvent alors vraiment s'intégrer et s'ancrer en nous.

De nombreux livres peuvent aussi nous apporter ces connaissances précieuses. Il y a également une multitude de vidéos accessibles actuellement sur Internet d'êtres Éveillés à leur vraie nature qui partagent leurs expériences et leur savoir. C'est fabuleux, tout est là maintenant pour nous conduire à l'Éveil. Il suffit de suivre l'élan de notre cœur pour trouver ce qui nous interpelle vraiment et de s'abandonner à ce mouvement intérieur.

En réalité, des guides ont toujours été présents dans ce monde pour nous apporter la lumière du Soi. Leurs messages, qui étaient jadis réservés à des initiés, sont maintenant accessibles à tous. Ce sont les mêmes enseignements que nous ont donnés, à différentes époques, Krishna, Bouddha, Jésus et tous les grands Maîtres. C'est cette Vérité que nous partagent à présent tous ces Éveillés.

De plus, il est très enrichissant d'être en compagnie de ceux qui ont réalisé leur Être véritable et d'assister à leurs conférences, *satsangs* (assemblées autour de la vérité) et ateliers. Leur Présence consciente est un reflet puissant de ce que nous sommes, le Soi. Le fait de les côtoyer permet à des ouvertures et à des compréhensions profondes de se produire en nous-mêmes. Si on en ressent l'appel, il ne faut pas hésiter à les rencontrer. On ne doit pas les voir comme étant des êtres supérieurs à nous. Il n'y a pas de hiérarchie dans la Conscience. Ils ne sont pas plus l'Absolu que nous le sommes, mais la seule différence est que pour eux, ce qu'ils sont fondamentalement est une évidence. Ces Éveilleurs de Conscience sont comme des lumières qui éclairent ce monde et maintenant leur nombre s'accroît sans cesse sur tous les continents.

Ainsi, la Réalisation du Soi fleurit partout en ce moment sur cette planète. Ce n'est que le début, mais le nouveau monde se déploie de plus en plus. Les sages disent que nous sommes privilégiés d'être ici présentement et de faire partie de ce grand mouvement qui prend forme. Oui, nous pouvons constater que la souffrance est intense actuellement sur Terre, mais cette douleur sert à éveiller tous les êtres qui sont encore très endormis. Tout cela se fait, se produit. Cette nouvelle Réalité émerge au sein de cette humanité. La Conscience prend conscience d'elle-même en chacun de nous et c'est vraiment exaltant.

Pour terminer ce chapitre, je citerais ce que nous indiquent les sages : « Pour réaliser le Soi, il faut accepter que nous sommes déjà réalisés. Que tout est déjà accompli maintenant. » Il n'y a rien à trouver de plus que Ce qui Est en ce moment. On est déjà ce que l'on cherche depuis la nuit des temps. Les Éveillés nous disent que c'est parce qu'on ne le croit pas et qu'on a foi en toutes nos histoires que ce n'est pas réalisé. Nos croyances telles que : « Je ne suis pas digne. Il faut travailler fort pour y arriver. Ça va prendre des vies. Je ne suis pas assez parfait(e). Je ne le mérite pas… » empêchent cette re-connaissance de se produire. Il ne s'agit, encore une fois, que de pensées qui apparaissent en nous et que nous considérons comme étant vraies. C'est parce qu'on les croit qu'elles prennent forme et deviennent notre vécu.

Cependant, comme nous l'avons souligné, il ne faut pas s'inquiéter, cela se fera de soi-même. La Conscience sera naturellement amenée à poser le regard sur ces convictions erronées au moment opportun pour chacun. Ainsi, tout devra être vu. Les croyances, les conditionnements… Il faudra tout lâcher, tout défaire. Mais cela s'effectuera sans efforts. Il ne faut pas se casser la tête, il faut juste suivre le mouvement de l'existence. De plus, on peut avoir foi en notre Être absolu qui nous guide parfaitement tout au long de notre périple.

De toute façon, pour la Conscience, ce n'est pas un problème s'il subsiste des identifications et des pensées crues vraies, car cela ne change en rien ce qu'elle Est. Malgré toutes les expériences de l'individu, elle reste toujours intacte, inaltérée et rien ne peut la ternir. Qu'importent les situations vécues dans la forme, elle brille toujours avec le même éclat sous le masque du personnage. En tout temps, elle demeure pure, immaculée et inchangée. C'est seulement qu'elle se dévoile graduellement au chercheur qui désire la retrouver.

Au fond, la Conscience se fait accroire dans cet Univers manifesté qu'elle n'est pas consciente, mais c'est un jeu, car elle ne peut pas ne pas l'être. C'est sa nature fondamentale. C'est vraiment Cela que l'on Est, le Soi éternel. Par conséquent, il n'y a rien à faire d'autre que de s'ouvrir à cette nouvelle perspective, de tout accueillir dans ce monde relatif en laissant tout être comme c'est, de vivre pleinement et de goûter tout ce qui se présente dans l'expérience humaine. Une bonne façon d'y parvenir est en mettant de côté notre personnage aussi souvent que possible et Être tout simplement. Il n'y a que Cela qui soit réel, Ce qui Est. La permanence dans l'impermanence de la forme. Le silence sous le bruit du mental. L'Un sous l'apparente dualité.

# CHAPITRE 25

# La vie après l'Éveil

Comme nous l'avons vu, ce monde illusoire est en réalité une expression du Soi, notre Être absolu. Cet Univers est né d'une pensée de séparation. Ce n'est qu'une contraction vibratoire qui est à la base de ce deux que nous percevons. C'est cette dualité qui nous fait nous sentir séparés et différents des objets qui nous entourent ainsi que des autres. Pourtant, tout est composé de la même substance, de la même énergie. Cette manifestation qui nous apparaît dense est, en vérité, un espace de vacuité contenant quelques vibrations. C'est l'Un. Nous sommes donc tous la même Conscience, sans aucune division. Toutefois, ce n'est pas évident à percevoir du point de vue de la personne que nous pensons être.

Dans ce monde relatif, les apparences sont trompeuses. Il n'est pas aisé pour le personnage de concevoir qu'il n'est pas l'image projetée, mais l'écran immobile sur lequel le film de son existence se déroule. Nous avons tellement été conditionnés à croire que l'on est quelqu'un. La sensation que nous ressentons d'être le chef d'orchestre de notre vie dirigeant nos pensées, nos choix et nos actions nous semble tellement réelle. Cette conviction est fortement ancrée en nous et c'est normal. C'est ça le jeu, c'est la Conscience que l'on Est qui s'identifie au corps/ mental pour pouvoir vivre toutes sortes d'expériences. Ce qui se passe, c'est que l'égo aime jouer le rôle qu'on lui attribue et veut survivre. Son existence est tellement crue vraie que l'être doit un jour se retourner vers sa source pour que le souvenir de sa vraie nature ressurgisse en lui.

Par l'Éveil, il sera vu que la personne n'existe pas, qu'il n'y a essentiellement que le Soi qui s'exprime en tant que ce monde manifesté. Par la Réalisation, notre nature réelle sera pleinement reconnue. Ce petit mouvement, cette bascule, lorsqu'elle se produit, révèle la Conscience absolue qui prend pleinement conscience d'elle-même. Elle se perçoit à ce moment non seulement en tant que Vacuité, mais aussi en tant que le Tout. Après la libération, il ne demeure que Ce qui est. Notre Être véritable se goûte alors pleinement dans chaque expérience et dans toute forme que prend la Vie. Alors, rien n'est plus rejeté. Tout est pleinement accueilli. L'existence n'est plus pensée mentalement, mais vécue à partir du cœur. Elle est embrassée telle qu'elle se présente à chaque instant, sans vouloir la transformer ou l'améliorer.

Mais cela ne veut pas dire que l'on devient déconnecté de la réalité, que l'on vit sur un nuage et que rien ne nous affecte plus. Au contraire, le film de la Vie continue de se dérouler et comme il n'y a plus de résistance, les émotions sont ressenties encore plus intensément. Cependant, on leur permet de nous traverser et ainsi, elles surviennent, se déploient puis disparaissent. Mais comme on ne s'y identifie plus, elles ne laissent pas de traces en nous. Elles passent comme des vagues à la surface de l'océan qui redeviennent l'eau de la mer lorsqu'elles se calment, sans plus. Les émotions ne sont plus jugées comme bonnes ou mauvaises. Tout est vu comme étant parfait et accueilli de façon équanime, sans jugement.

Alors tout ce qui survient dans les scénarios de notre quotidien peut être apprécié. Il n'y a plus de lutte, plus de : « Je ne veux pas de ce qui se passe actuellement » ou de « Je voudrais autre chose que ce qui est là présentement. » Comme il n'y a plus cette résistance qui créait les tensions et les malaises, il n'y a plus de souffrance. Tout peut apparaître dans l'existence et il n'y a plus de problème avec rien. Même les identifications sont vues comme faisant partie du déroulement normal de la vie du personnage. Ces associations de la

Conscience avec le corps/mental vont continuer à se produire et à être expérimentées après la libération, mais il sera vu qu'elles ne sont pas plus réelles que le reste de la création.

L'égo qui aimerait, quant à lui, trouver un état permanent de paix et de béatitude n'y arrivera jamais, car il n'y a pas de constance dans ce monde des apparences. Identification et désidentification vont donc poursuivre leur jeu sur l'écran de la Conscience. Cependant, après la Réalisation, il est su, sans confusion, que ce n'est que l'expression de Ce qui Est, et non pas la nature réelle du Soi que nous sommes. De toute façon, l'individu n'a aucun contrôle sur la manière dont l'Absolu se manifeste. Il n'y peut rien. De plus, pour fonctionner sur ce plan matériel et avoir des interactions avec les autres et notre environnement, il nous faut bien un certain niveau d'identification. Néanmoins, il est clairement vu que cela fait seulement partie du rêve de l'existence qui lui-même surgit en ce que nous sommes vraiment.

En fin de compte, l'Éveil, c'est la sortie du film. Il n'y a alors plus de moi individuel à qui les choses arrivent. Elles ne font que se produire et c'est tout. Il n'y a plus de désir pour autre chose que Ce qui Est. Vouloir que la Vie soit autrement que ce qu'elle est appartenait à l'égo. Au fond, il ne s'agissait que de pensées saisies et crues par le mental, rien de plus. Lorsque la personne est vue comme illusoire, il n'y a plus d'interférences avec la Vie qui se déploie déjà dans toute sa splendeur. Tout est alors constamment savouré dans cette danse qu'est l'existence.

Ainsi, une harmonie est présente en soi et avec ce qui nous entoure. Comme il n'y a plus d'attentes, de désirs de changer l'autre, de refaire le monde, la Paix se vit et ce, malgré toutes les difficultés qui vont continuer à survenir parce que cet Univers apparent sera toujours duel. Mais il est su que tout est toujours parfait à chaque instant pour chaque forme de vie. Tout s'accomplit sans aucune erreur, pour amener chaque être humain à sa libération. C'est seulement le grand jeu divin qui se manifeste de cette façon. Par conséquent, rien n'est plus vraiment pris au sérieux ou vu comme étant dramatique. Tout a sa raison d'être. Il est ainsi vu que la Conscience sait parfaitement faire les choses en tout temps. Alors, la confiance en Cela qui est à l'origine de la création devient pleine et entière.

Après la Réalisation, il est aussi constaté que tout est Soi-même. Que ce monde qui apparaît en nous est notre reflet. Il nous permet de vivre des expériences et, en tant que le Soi, de nous contempler. De plus, cette re-connaissance fait naître une grande joie dans cet organisme corps/mental. C'est là, en Soi, que se situe le bonheur durable que l'individu recherche tout au long de son parcours. Toutefois, lorsque l'on se croit être quelqu'un, notre vision est très limitée et l'accès au bien-être permanent n'est pas possible, car il dépend toujours des objets et des perceptions qui changent continuellement. Tout ce qui fluctue dans l'existence ne pourra jamais apporter la Paix et la Joie inaltérables. Il faudra donc un jour que notre attention se porte sur ce qui se situe en amont de toute expérience qui est immobile et qui est là depuis toujours. Seulement Cela est réel et c'est ce que nous sommes essentiellement.

Aussi, il est souvent cru qu'après l'Éveil, ça se passera comme dans les expériences mystiques intenses. On pense que l'on flottera, baigné dans l'Amour et la Paix constante. On s'imagine que l'on demeurera assis comme des bouddhas, dans un état de contemplation continuel… Toutes ces idées sont des chimères. En fait, après la Réalisation, on est plus vivant et plus ancré qu'auparavant, car on est pleinement présent. Aussi, le film de la Vie continuera à se dérouler. Des situations plus ou moins agréables se produiront encore, mais elles seront épousées, car la résistance s'effacera. C'est l'identification au corps/mental qui cesse lors de l'Éveil. Des sages affirment que le degré d'identification définit notre souffrance et que le degré de désidentification définit notre liberté.

En soi, notre vraie nature est totalement libre et infinie. Notre prison illusoire n'est, en somme, constituée que de constructions mentales. Ce sont nos conditionnements et nos croyances qui nous donnent l'impression d'être enchaînés. Cependant, ces entraves ne sont pas réelles. Elles n'existent que dans notre imagination. Lorsque notre regard se retourne vers la Conscience qui perçoit tout, ces apparentes contraintes se dissolvent. On voit que notre nature véritable est infinie, c'est-à-dire, sans limites. C'est cette vastitude, cet espace sans fin, que nous recherchons tous, et en réalité, c'est ce que nous sommes véritablement. On n'a jamais cessé d'être, même pendant une fraction de seconde, cette Conscience totalement ouverte, illimitée et libre.

Comme vu précédemment, l'Éveil est de se rendre compte que la personne n'existe pas. Cependant, tant que ce corps vit, il y a émergence d'un Je. Tout au long de son incarnation, ce sujet Je va continuer à porter le costume du personnage qui possède ses propres caractéristiques, habitudes et réactions émotionnelles. Après la Réalisation toutefois, lorsque ces phénomènes surviennent, ils sont rapidement vus pour ce qu'ils sont, c'est-à-dire de simples manifestations apparentes. Ils peuvent alors être rencontrés, ressentis ou tout simplement mis de côté si c'est ce qui est approprié dans l'instant.

Ainsi, les pensées continueront d'apparaître après l'Éveil, mais notre attention ne se portera plus constamment vers elles. Le mental, ayant repris sa juste place, sera utilisé pour nous aider à fonctionner dans notre quotidien. Nous en aurons toujours besoin pour organiser et planifier nos activités, mais son rôle se limitera à celui d'être un outil fort utile pour vivre dans ce monde matériel. Cependant, les pensées se rattachant aux histoires et à l'individu ne seront plus agrippées et crues comme avant. Elles seront vues comme des objets, de simples nuages apparaissant dans le ciel de la Présence pour ensuite se dissiper.

Ce changement de perspective apportera aussi davantage d'harmonie et de Paix dans l'existence. Les idées reliées au passé et aux projections futures ne seront plus autant saisies puisque les expériences seront la plupart du temps vécues dans le maintenant intemporel. Alors, quand le mental aura à être utilisé, il le sera. Cependant, dans les intervalles où les pensées ne seront pas nécessaires, on pourra retourner à notre état naturel, le silence.

Quand on vit à partir de notre Être véritable, tout se fait spontanément. Cela agit quand ça doit agir, cela parle quand ça doit parler… Et entre ces moments, c'est le calme qui est présent. Cette Paix est ce que l'on Est. En elle, il y a ce jaillissement de la Vie qui nous amène à bouger et agir. En fait, on peut même dire qu'il n'y a jamais rien qui se passe. Il n'y a que cette quiétude puis tout à coup, une pensée, une émotion, une perception ou une action survient. C'est la Conscience qui ainsi s'exprime à chaque instant. Ce que nous sommes vraiment, c'est la Présence dans laquelle les mouvements se produisent, l'écran tranquille sur lequel les scènes de notre existence défilent.

Comme tel, l'Éveil n'est rien d'extraordinaire. C'est seulement de réaliser que Je Suis ce qui est conscient de tous les phénomènes surgissant dans ce rêve de la forme et de toutes les expériences que le personnage vit. C'est de voir que je ne suis pas une personne ni ce corps ni ce mental, mais cet espace de Conscience dans lequel ils apparaissent. Je ne suis pas mes pensées, mes perceptions, mes sensations, mes émotions, mais ce qui les perçoit. Je suis l'observateur de tout ce qui se produit dans mon existence. De plus, en tant que ce témoin, je ne suis affecté par aucun des scénarios qui se déroulent et pourtant, je n'en suis pas séparé.

Comme il n'y a que l'Un, ce monde relatif toujours changeant et l'Absolu immuable sont une seule et même Réalité. C'est paradoxal, car même si nous sommes la Conscience immobile d'où tout émerge, la forme, c'est-à-dire le corps/mental et l'Univers matériel, continue de se transformer et d'évoluer sans fin. Tant que nous aurons le privilège d'expérimenter l'incarnation à travers ce véhicule humain, il y aura une maturation qui s'effectuera à tous les niveaux. La compréhension, la façon de penser, les apprentissages évolueront sans cesse. C'est le jeu de la Vie. Tant qu'il y aura présence de cette forme physique, les changements et la croissance se produiront. C'est la beauté de la manifestation.

Ainsi, lorsque le regard part de la Pure Conscience, tout est vu de façon réelle. Comme il n'y a plus le filtre du mental qui créé l'illusion du personnage et de son histoire, il est constaté que tout est un seul et même Être, Soi. On sait alors qu'on est ce qui est stable, immuable sous l'apparence des formes éphémères de ce monde relatif.

Cependant, même si notre regard sur l'existence a totalement changé après l'Éveil, on peut dire que tout est pareil. C'est seulement qu'il n'y a plus de cloison entre je et Je Suis. Il est réalisé, qu'en vérité, nous avons toujours été dans notre vraie nature, le Soi. Pourtant, parce qu'on a pensé s'être perdu, on se cherchait. Il est alors constaté qu'il ne s'agissait que d'une croyance illusoire imaginée par le mental dans ce rêve de l'incarnation. Il est aussi vu que cette création n'est pas de nature réelle et, par conséquent, il n'y a plus de confusion. Ainsi, il ne demeure que la Joie pure d'Être dans chaque mouvement de la Vie.

Les sages disent qu'en réalité, l'Éveil est très simple. Mais, du point de vue de la personne, cela paraît inaccessible et complexe. Au fond, c'est le mental qui complique tout. C'est l'identification aux pensées, au personnage et à son histoire qui nous cause tant de soucis. La libération se fera en détachant notre attention de tout ce qui peut être perçu et en la ramenant à sa Source. C'est le Soi qui alors se révèlera à lui-même. Cela prendra, pour la majorité d'entre nous, une certaine période de maturation pour que cette Réalisation survienne. Au fil de ce temps relatif et des expériences vécues, le fruit mûrira et le moment venu, il tombera. Il ne peut pas en être autrement. Retrouver sa nature fondamentale est la destination finale pour chacun d'entre nous. La Paix et le bonheur tant souhaités se trouvent là, maintenant, juste au cœur de nous-mêmes.

# Conclusion

Ce qu'il y a de plus important peut-être à retenir de cet ouvrage, c'est que nous sommes déjà réalisés. Ce que l'on Est depuis toujours, c'est la Conscience qui voit tout, qui perçoit tout. C'est simplement que nous l'avons oublié. Les enseignements contenus dans ce livre, en réalité, vous les connaissez déjà. En vérité, vous savez tout. Vous n'avez rien à apprendre, car vous êtes la parfaite Connaissance. Avant la naissance de l'Univers, vous étiez déjà la Pure Conscience, consciente d'elle-même. Les mots, les phrases de ce texte ne sont qu'un rappel à Vous-mêmes. Ainsi, vous êtes l'Absolu sans formes et aussi toutes les formes dans ce monde des apparences. Tout est le Rien, le Soi, votre vraie nature.

Dans les pages de ce livre, nous avons également vu que, dans ce jeu divin, ayant perdu le souvenir de Ce que nous sommes réellement, nous nous prenons pour une entité à part, un moi individuel. C'est de cette erreur de perception que naît la souffrance. Ce sentiment de séparation crée la sensation de manque en nous. C'est pour cette raison que nous avons comme habitude de nous tourner constamment vers l'extérieur pour tenter de faire disparaître cette impression d'incomplétude. Nous avons aussi la croyance d'être une personne dotée d'un libre arbitre. Ainsi, nous pensons pouvoir trouver par nous-mêmes dans notre existence la plénitude et le bonheur tant souhaités. Alors, nous cherchons dans les objets, les sensations et les relations ce qui pourrait combler ce vide que nous ressentons en tant que cet apparent individu séparé.

Pour faire l'expérience de ce monde, il nous est nécessaire, comme on l'a vu, de posséder ce corps, ce mental et cet égo. Maintenant, il est temps de voir au-delà de cette illusion. Si ce que l'on souhaite vraiment. c'est de réaliser notre vrai Soi, il est essentiel de remettre le mental à sa juste place, soit celle d'un outil et de constater également que le personnage n'a pas d'existence réelle, qu'il n'est constitué que de pensées de moi et de sensations corporelles.

Comme mentionné précédemment, il n'y a en réalité que le mouvement de la Vie et personne aux commandes de cet organisme. Aucun pilote, aucun moi-auteur n'est présent en nous pour penser, choisir et agir. Tout se fait toujours de soi-même, de façon totalement involontaire. Et ainsi, l'existence se déploie de façon parfaite à chaque instant, sans passé ni futur. Ces concepts reliés au temps ne sont en fait que des idées qui sont vécues dans le maintenant intemporel, rien de plus.

En soi, nous sommes la Paix, l'Amour et la Joie, mais ce qui nous empêche de les ressentir pleinement, c'est que nous sommes très identifiés avec ce qui est transitoire dans ce monde relatif. Par conséquent, nous croyons être nos pensées, nos sensations, nos émotions, notre corps et nos perceptions. À cause de ces convictions erronées, notre attention se dirige continuellement vers ces phénomènes éphémères et non vers Ce qui les perçoit, c'est-à-dire la Présence que nous sommes qui, Elle, demeure inchangée. Nous sommes en réalité ce qui est permanent et qui simultanément s'exprime en tant que cette apparente multiplicité des formes qui fluctuent continuellement. Tout ce qui existe émerge en Soi. Ce n'est pas la Conscience qui apparaît dans les êtres et les objets de cette création, mais l'Univers qui naît dans cet espace de Présence.

Si nous tournons notre regard vers ce qui est le témoin de tout ce qui se produit dans notre existence, il sera vu clairement que ce que l'on Est, c'est la Conscience. En effet, nous savons tous que nous sommes conscients. C'est si évident, si ordinaire mais ça passe inaperçu, car ce n'est pas quelque chose de tangible. L'attention mentale ne peut se porter que sur ce qui possède des qualités objectivables.

Notre Être véritable ne peut donc pas être perçu avec les sens ni ne peut être vu ni expérimenté. Il s'agit donc, pour revenir à notre état naturel, de détendre l'attention et de la retourner à 180 degrés vers sa Source. Ainsi, on pourra réaliser Ce qui est là en tout temps, le Soi, la Présence sans formes qui perçoit tout.

Mais, il ne faut pas s'inquiéter, car en réalité, tout se passe toujours comme il se doit. Il n'y a rien à changer en soi ou dans ce monde. Vous êtes parfaits tels que vous êtes maintenant. Vous pouvez ainsi dire oui à Ce qui Est, tel que c'est, à tout moment et avoir confiance que l'existence vous conduira exactement où vous avez besoin d'aller. Tout est toujours bien orchestré dans le Grand plan pour nous amener ultimement à l'Éveil.

Par conséquent, l'invitation est de demeurer dans la totale bienveillance en ce qui a trait au personnage que l'on pense encore être ainsi qu'avec son vécu. Au lieu de résister, il est préférable d'embrasser tout ce qui survient dans notre vie. Et quand ça repart avec les pensées et les histoires, nous pouvons simplement accueillir ces manifestations à partir de la Présence consciente que nous sommes et revenir à Soi. Ainsi, on peut observer que ce n'est qu'un surgissement, qu'une vague qui passe. Ce n'est pas grave, c'est seulement la Conscience qui s'exprime de cette façon. Il est possible à ce moment de relâcher la tension, de vivre ce qui se présente et de le laisser nous traverser. Il n'y a rien à faire de plus.

De toute façon, nous n'aurons jamais le pouvoir d'empêcher l'océan de faire des vagues. C'est peine perdue de vouloir retenir le mouvement de la Vie. Ça nous conduit juste à davantage de souffrance. Alors, on laisse passer, on demeure seulement en tant que le témoin de ces phénomènes, on constate simplement que c'est là et c'est tout. On laisse l'existence se déployer en nous telle qu'elle se produit. C'est Ce qui Est, le Rien, prenant la forme du Tout.

Ce parcours apparent dans ce monde relatif permet donc à la Pure Conscience de s'expérimenter et de se contempler. Comme nous l'avons vu, on peut laisser se dé-voiler notre vraie nature par différentes approches. Elles peuvent nous conduire à la re-connaissance directe de notre Être véritable. Quand il ne demeure que ce non-endroit perçu par le mental comme étant vide et qu'on ne peut plus rien en dire, il ne reste alors que l'Absolu que nous sommes. Cependant, ce n'est pas nous en tant qu'individu qui allons réaliser cela, mais c'est le Soi qui se révèlera à lui-même.

Il n'y a rien d'autre à trouver que Cela. Donc, il n'est plus nécessaire de rechercher quoi que ce soit car tout est là. La Réalisation, c'est de savoir que Ce qui Est, nous le sommes déjà. On pourrait aussi dire que dans les faits, l'Éveil et la Réalisation sont des non-évènements qui se produisent de façon subite hors du temps et de l'espace. Ensuite, son intégration au niveau de l'organisme corps/mental se fait graduellement. Ainsi, cela prendra du temps et même quelques années pour s'établir et s'ancrer vraiment dans le Soi.

Oui, cela aura pu demander de la volonté et de la persévérance pour se re-trouver, mais au bout de l'apparent chemin, nous pourrons dire que cela en valait tous les efforts du monde, que le trésor inestimable trouvé juste là, en Soi, vaut plus que tout ce qui avait pu être imaginé et espéré. C'est au-delà de tout concept. C'est l'Innommable, l'Ineffable, l'Ultime et c'est en Cela que résident la Paix et le bonheur tant recherchés de toute éternité.

# Remerciements

Avant tout, immense gratitude à la Vie d'avoir mis sur ma route Diane Gagnon, mon éditrice. C'est une merveilleuse femme de cœur qui a cru en mon projet et grâce à qui ce livre peut voir le jour. Quel bonheur pour moi de partager cette formidable aventure avec elle !

Un merci tout spécial à Vincent Rivet, mon cher mari, pour avoir toujours été à mes côtés lors de la réalisation de ce projet d'écriture et pour avoir retranscrit à l'ordinateur mes textes manuscrits. Merci pour son soutien indéfectible, sa confiance et son amour.

Merci également à mes premiers lecteurs, Isabelle LeSieur de Merci la Vie, Diane Gagnon et à mon ami Gilbert Rodrigue. Leurs commentaires plus que positifs et leurs encouragements m'ont permis de conserver la foi dans ce travail.

Une gratitude toute particulière à Isabelle Plante, artiste peintre, pour avoir créé l'œuvre magnifique de la page couverture.

Un merci chaleureux aussi à Gisèle et Mireille, mes premières guides.

Et surtout merci à ces Maîtres et à tous ces « Éveillés » qui partagent avec tant de générosité leurs connaissances et leurs expériences sur cette voie de la Réalisation du Soi. Ils m'ont enseigné, guidée et ont ainsi permis à ma véritable nature de se révéler.

**Autres titres parus chez Formaction par l'auteure Diane Gagnon**

*Apprendre à s'aimer un jour à la fois,* 366 réflexions quotidiennes pour apprivoiser le bonheur (2015)

*À moi de moi !,* 101 cadeaux à se faire avec amour pour développer l'estime de soi (2016)

*Porteurs d'espoir* (2017)

*Apprendre à vivre dans la paix du cœur,* Découvrez la sagesse de la vie (quoi qu'il arrive) (2019)

*Tous partenaires de liberté* Pour en finir avec la souffrance et le rôle de victime (2019)

Pour commandes : diane@dianegagnon.com
www.dianegagnon.com

9 782981 843869